Die Tücken des Lebens

Die Tücken des Lebens

Rosel Ebert • Volker Krastel • Klaus G. Lonvitz •
Jürgen Molzen • Dagmar Neidigk

Wir widmen dieses Buch allen,
die den Tücken des Lebens
mit Poesie begegnen –
so wie wir!

Impressum:

© 2016 Rosel Ebert • Volker Krastel • Klaus G. Lonvitz •
Jürgen Molzen • Dagmar Neidigk
Titel/Gestaltung/ Kapiteleinführungen: Rosel Ebert
Zeichnung/Vignetten: Karin Ortmann
Herstellung und Verlag: BoD – Books on Demand, Norderstedt
ISBN 978-3-8370-1638-3

INHALT

DIE ZAHL 13

Rosel Ebert
FREITAG, DER 13.

Freitag, der 13. – was für ein Tag!
Die Sonne scheint, wie man es mag.
Der Frost lässt sogar heut das Zwicken,
die Menschen grüßen sich mit Blicken,
als ob sie freundlich sagen wollen:
Nein, dieser Tag ist nicht zum Grollen.

Freitag, der 13. – na und?
Wir fühlen uns heut kerngesund.
Und sollte es nicht ganz so sein,
läg es am Datum nur zum Schein.
Ob Glück, ob Pech, wir nehmen´s hin –
ein jeder Tag ist ein Gewinn!

Volker Krastel
13 WUNDER

13 Wesen wanken wallend
weite Wege wasserwärts;
13 Leute liegen labend,
lustig lachend nur zum Scherz.

13 Kinder krauchen kichernd;
kreischen kräftig kunterbunt –
noch ´nen Nonsens nervig näselnd,
nicken neunmalklug: Na und!

Jürgen Molzen
JETZT SCHLÄGT´S 13

„Jetzt schlägt´s 13!",
hört man oft.
Fragt sich nur,
was man sich
von der 13
erhofft!

Dagmar Neidigk
ERKENNTNIS

Wir alle sind gerettet,
wenn wir barmherzig sind.
Gegen jeden.
Auch gegen uns selbst!

Sogar an einem Freitag,
dem 13.!

Klaus G. Lonvitz
NUN SCHLÄGT'S 13

Die 13 wird als Schreckenszahl
von Leuten mit dem Pech verbunden.
Man hört jedoch ein andres Mal,
dass mancher damit Glück gefunden.

Als erste MIRP-Zahl kennt man sie.
„Was ist denn das?", so fragt man sich
und denkt: „Das weiß bloß ein Genie."
Ich sag's und lass euch nicht im Stich.

Lest das MIRP doch rückwärts nur,
dann heißt es PRIM – so weiß ich –
mit 13 selbige Tortur,
kommt man so auf 31.

13 – PRIM-Zahl, die andre auch,
sie bilden ein besondres Paar,
als PRIM- und MIRP-Zahl im Gebrauch,
drum nehmt sie doch als Glückszahl wahr.

1.Variante

AUCH DER TAPFERSTE MEIDET DIE SCHUSSLINIE

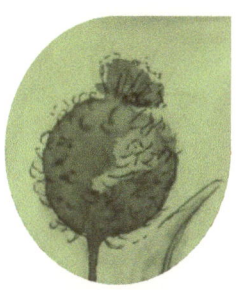 Jeder Mensch gerät in seinem Leben irgend-
wann einmal in die Schusslinie. Mancher sogar
mehrmals. Dann ist es wichtig zu wissen, wie
man sich am besten verhält, um unbeschadet
davon zu kommen. Der Tapfere meint zunächst
noch, sich dem Feind offen entgegenstellen zu
können. Natürlich auch zu müssen. Schließlich
will er ja seinem Ruf Ehre machen. Doch spätestens nach dem ersten
Schuss ist auch er schlauer. Vorausgesetzt, er wurde nicht gänzlich
außer Gefecht gesetzt. Aber das wollen wir nun wirklich nicht hoffen.
Wir verzichten auf scharfe Munition. Unser Kampf vollzieht sich auf
dem Spielfeld. Und als ein solches wollen wir das Leben mit seinen
Vorzügen und Tücken betrachten. Selbst wenn es mitunter tatsächlich
lebensgefährlich zugeht. Doch gerade hier sollte der Tapfere lernen,
die Schusslinie zu meiden.

Ene, mene, Heu,
und ist der Hut auch neu,
hängt doch die Krempe schlapp,
und du bist ab.

Volker Krastel
SCHUSSLINIE I

Wenn in diesen Tagen
Jäger ohne zu fragen
Hasen jagen
Geht´s der Art an den Kragen.

Dazu ist zu sagen
Sie sind ohne zu zagen
Anzuklagen
Für solch böses Betragen.

Doch das wird sich zerschlagen
Das Gericht sich vertagen
Und trotz Unbehagen
Ein Urteil nicht wagen.

Statt fröhlich zu nagen
Solln nun Hasen sich plagen
Gefahren verjagen
In schier allen Lagen.

SCHUSSLINIE II

Ihr Menschen lasst´s euch nicht verdrießen,
reist weiter um die ganze Welt.
Doch lasst euch dabei nicht erschießen,
denn ein Begräbnis kostet Geld.

Jürgen Molzen
DOPPELT HÄLT BESSER...

Des nachts schließt sie ihr Fenster
aus Angst vor einer Maus;
sie fürchtet Nachtgespenster.

Als WACHMANN liegt im Bett ihr Klaus:
Kraftsportler aus dem Nebenhaus!

Jürgen Molzen
APHORISMEN

Wer etwas hinter die Löffel kriegt,
kann mitunter nicht mehr mit Messer und Gabel essen.

Halsabschneider riskieren nicht mal
Kopf und Kragen.

Jürgen Molzen
BEGRÜNDUNG

In köstlich
steckt östlich.
Aus Angst vor Gemecker
sagen Leute, wenn´s schmeckt:
„Lecker!"

Rosel Ebert
EHEKRACH

Wirft der Wind
mit Steinen,
ist der Sturm
nicht mehr weit.

FAZIT:
Nichts geht
über einen
geordneten
Rückzug!

Rosel Ebert
BEISPIELSPRICHWORT

„Autsch", sagte die Maus, als sie in die Falle ging –
da hatte sie der Habgier ihren Schwanz geopfert!

Dagmar Neidigk
NACKTE POESIE I

Poesie goes FKK –
ohne tamtam und trara.
Steht ohne Hüllen da!
Es klickt 'ne Kamera!
Hat sich erschreckt und
in Worthülsen versteckt.

NACKTE POESIE II

Hüllenlos.
Schutzlos.
Aber nicht:
Kampflos!

Sie macht sich nackt.
Sie macht sich frei.
Ich helf ihr dabei.

Klaus G. Lonvitz
INDIVI**DUELL** –

ein Adjektiv und sonderlich.
Nimmt man´s als Neutrum – Substantiv,
so wird´s ein Zweikampf, nur mit sich –
und jeder weiß, da geht nichts schief.

Zwei Seelen streiten in der Brust,
Gelüste sind´s verschiedner Art,
und jede möchte ihre Lust,
drum tobt ein Kampf, besonders hart.

Ganz tapfer suchen sie ihr Ziel,
sie nehmen kein Gewehr zur Hand.
Sie sticheln nicht, das wär zu viel.
Im Kampf agier´n sie mit Verstand.

Als Kampfeslinie dient die List;
denn Feindschaft bringt hier gar nichts ein.
Da das Gehirn der Richter ist,
wird jede wohl mal Sieger sein.

Klaus G. Lonvitz
Homonym

Das Haus brannte, die Feuerwehr **rückte aus,**
und so brannte das Haus total nieder.

Volker Krastel
DIE UNKE FRIEDA KRAUSE

In einem schwarzen Moderloch,
was außerdem noch übel roch,
planschte recht fröhlich ohne Pause
die alte Unke Frieda Krause.

So hört man eines Tags sie quaken:
„Die Sache hat doch einen Haken!
Die Kompostfliegen dieser Pfütze
sind zur Ernährung gar nichts nütze."

Der Moder quillt im Dauerregen;
das ist für Frieda nun kein Segen.
Bei Sonne ward der Schlamm zur Tunke –
es denkt an Umzug jetzt die Unke.

Hier werd ich ja am Ende krank
bei so viel Mist und dem Gestank.
Letztendlich ist es mal genug –
sie wandert fort und zwar ins Luch.

Dort war die Welt nach ihrem Willen,
dort gab´s Libellen, zirpten Grillen.
Auch war dort Schilf und grünes Gras –
selbst Raupen, Schnecken sonst noch was…

Und weil das Luch im Walde war,
gab es hier keinen Adebar.
So lachte breit die Unke Frieda:
„Solch schönes Leben war noch nie da!"

Rosel Ebert
SPRÖSSLINGS ABENDSCHAU

Huh, wie ist es doch verflixt,
Sandmännchen hat mich ausgetrickst.
Ich kneife meine Augen zu
und denke, der lässt mich in Ruh.
Da schmeißt er wild mit Sand herum,
als sei der Kerl ein bisschen dumm.

Ich blinzle – so das war´s für heute.
Muss jetzt ins Bett, wie kleine Leute.
Und wenn ich sage, ich sei wach,
dann gibt es wieder großen Krach.
Drum zieh ich ab – das Spiel ist aus,
komm dafür 3 x wieder raus…

Ätsch!

Jürgen Molzen
APHORISMUS

Was man sich an fünf Fingern
abzählen kann,
ist nicht von der Hand zu weisen.

2.Variante

ALS FÜNFTES RAD AM WAGEN

 In meiner Kinderzeit besaßen wir eine wunderschöne nussbraune Kommode. Im Rückblick vieler Jahre erscheint sie mir riesig. Doch das Schönste daran waren die Schubladen: drei große und vier kleine. Die großen in der Mitte, von den kleinen je zwei oben und je zwei unten. Meine Mutter war streng darauf bedacht, Ordnung zu halten. Eine große Lade für die Tischwäsche, eine für Bettbezüge, Kopfkissen und Laken, eine für Unterwäsche. Die kleinen oben für Taschentücher und Strümpfe. In einer der unteren hatte sie geheimnisvolle Briefe versteckt. Übrig blieb die letzte. In diese wurde alles hineingestopft, was nicht recht zuordenbar erschien. Diverser Kram ebenso wie all das Stückwerk, das man einfach los werden wollte. Seitdem kursiert in unserer Familie der Spruch: „Stückwerk in die letzte Lade". Vor allem immer dann, wenn es darum geht, lästige unliebsame Dinge aus dem Wege zu räumen. Und davon gibt es im Leben wahrhaftig genug!

Der Volksmund sagt es anders. Überflüssiges hat hier die Bezeichnung „Fünftes Rad am Wagen". Die Bedeutung ist die gleiche: nutzlos und unerwünscht, auch wenn man es nicht verdient hat. In diesem Fall sollten wir dann allerdings schleunigst damit beginnen, an dem fünften Rad zu drehen...

Schwarz ist nicht weiß,
kalt ist nicht heiß.
Wer daran glaubt,
zahlt seinen Preis.
Das Lehrgeld noch dazu,
und raus bist du.

Klaus G. Lonvitz
EINE NASCHKATZE

Wer gerne nascht nimmt Süßes aus der Lade,
er kann nicht an sich halten – will genießen,
bevorzugt Bonbons nicht, doch Schokolade,
die schöne Königin von allem Süßen.

Er wird die leck´re Tafel ganz verschlingen
und denkt sich dann dabei: „Es wär doch schade,
ein kleines Stück davon zurückzubringen –
was soll es dort als Stückwerk in der Lade?"

Rosel Ebert
DAS FÜNFTE RAD

Keiner brauchte danach fragen,
wenn er ernsthaft nachgedacht,
dass das fünfte Rad am Wagen,
der ist, den man ausgelacht.

Fünftes Rad, fürwahr du solltest
besser als die andern sein.
Kannst als Stützrad, wenn du wolltest,
ewig unentbehrlich sein!

Jürgen Molzen
DRUM…

Ich war ein geduldiges Schaf.
Kaum prüfte ich nach, was geschah.
Eigentlich war ich immer brav:
Drum ist das dicke Ende da!

Rosel Ebert
GROSSVATERS VERSTECK

Ich suche meinen Großpapa,
wieso ist der verschwunden?
Vor Kurzem war er doch noch da,
vermiss ihn schon seit Stunden.

Fesch sah er aus, mit Backenbart
und einem steifen Kragen.
So ganz nach alter Schule Art
wie in den besten Tagen.

Hat einer ihn entführt von hier?
Das wäre jammerschade…
Find ihn doch schließlich bei Papier
ganz hinten in der Lade.

Wie kam er bloß in das Versteck?
Ich habe keinen Schimmer.
Erst war der da – dann plötzlich weg –
„entsorgt" beinah für immer.

Ich bin so froh, dass ich ihn fand.
Es ist wie eine Weihe.
Häng ihn nun sichtbar an die Wand
in meine Ahnenreihe.

Volker Krastel

TRAUM

Ich konnt nicht schlafen in der Nacht
und machte mir Gedanken.
Doch was ich da bei mir gedacht
durchbrach wohl alle Schranken.

Es kam mir plötzlich die Erkenntnis:
Ein jeder muss mal sterben!
Das heißt nach menschlichem Verständnis,
dass Hinterblieb´ne erben.

Was aber tut mein Leichnam dann?
Da lieg ich nun voll Maden
und fang, denk ich, zu saufen an.
Das kann ja nicht mehr schaden.

Es trinkt ein jeder, früh und später,
den weltberühmten Wurzelpeter
und liegt dann alt, vielleicht auch schneller,
als Toter in ´nem Leichenkeller.

Weil Alkohol so schön entkrampft,
ruht er ja, sagt man, richtig sanft.
Dann kommt das Wort, am Grab gegeben:
Er hatte doch ein schönes Leben!

Was nutzt mir die Vergangenheit?
Ich lieg hier tot im Leichenkleid.
Am Grabesrand mein Namensschild –
ein Glücksumstand, es gibt kein Bild!

Im Leben war ich stets in Eile,
hier unten packt mich Langeweile.
So fass ich letztlich den Entschluss,
dass ich es anders regeln muss.

Gesetzt den Fall, ich komme um,
will ich in´s Krematorium.
Dort werd ich dann, das ist bekannt,
als Leiche kurzerhand verbrannt.

All das, was ich dereinst gewesen:
Der Leib, das Hirn mit all den Phrasen!
Als dunkle Wolke ist´s zu lesen –
verseucht die Luft mit meinen Gasen.

Das ist noch einfach und bequem.
Doch bald, vielleicht schon morgen,
muss man uns Menschen, welch Problem,
als Sondermüll entsorgen!

Rosel Ebert
FORTSETZUNG: TRAUM

Dass jeder einmal sterben muss,
gilt als Gesetz der Zeit.
Am Ende ist nun einmal Schluss –
doch wann ist es soweit?

Dein Traum entspringt der Fantasie,
die ewig in Dir sitzt.
So sehr verrückt warst Du noch nie –
wer hat Dich angespitzt?

Was aus Dir wird ist sch…egal,
zumindest für den Leib.
Bist Du mal tot, hat dann die Qual
Dein angetrautes Weib.

Ob Du ihr fehlst oder auch nicht,
es bleibt Dein Ascherest.
Du armer längst verbrannter Wicht
sitzt in der Urne fest.

Drum rat ich Dir, willst Du nicht gehn –
auch nach dem Tod noch prassen,
lass Dich als Knochenkalle sehn
in Schüleroberklassen!

Denkst Du, Du bist dann auch bald hin
und treibt´s Dich weiter um,
gib Deinem Dasein einen Sinn
in dem Panoptikum.

Dagmar Neidigk
AUGEN DER NACHT

Mein Gegenüber:
Hohläugig.
Schattenfrei.
Seelenlos.
Nacht legt
Gedanken bloß.
Ringsum Stein.
Ich bin allein.

3. Variante

AUSSER SPESEN NICHTS GEWESEN

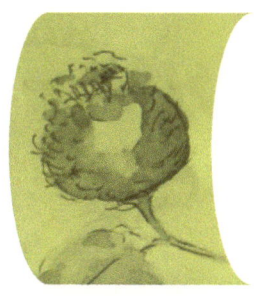 Spesen sind die Ausgaben, von denen man am wenigsten hat. Es handelt sich sozusagen um eine Beigabe. Man wendet sie auf für Leistungen, die eigentlich einem anderen wichtigerem Zweck dienen. Im Synonymwörterbuch ist mit dem Stichwort „Spesen" vermerkt: „Dienstausgaben, Unkosten, Auslagen, Aufwendungen, Diäten, Tagegeld, Reisespesen, Zahlungen." Aha. Im engeren Sinne bezieht sich der Begriff also auf das Geld. In der Regel hat man dann das Glück, sich seine Spesen von irgendeinem Dienstherrn wiederzuholen. Dabei sind der Fantasie keine Grenzen gesetzt. Nach dem Leitspruch: Wenn's klappt, dann klappt's. Wenn nicht, war es einen Versuch wert... Natürlich gehören zu Spesen auch Zahlungen, die ausschließlich den eigenen Geldbeutel belasten. Und nicht nur das. Philosophisch betrachtet sind Spesen auch Gedanken und Kraftanstrengungen, die der Mensch in Erwartung positiver Ergebnisse investiert. Im Nachhinein fragt man sich dann mitunter, welchen Nutzen dieser An- oder Einsatz denn nun wirklich hatte. Bedauerlich, wenn ein solcher auch mit der stärksten Lupe nicht zu erkennen ist. Dann trifft das zu, was der Volksmund mit dem Ausspruch: „Außer Spesen nichts gewesen" so treffend formuliert hat. Und irgendwann erwischt auch das jeden...

Kaiser, König, Edelmann,
Bürger, Bauer, Bettelmann.
Der Papst fällt aus,
und Du bist raus!

Jürgen Molzen
MENSCHLICHE SCHWÄCHE

Man müsste wieder Shakespeare lesen,
im Lichtspielhaus Charlie Chaplin sehn.
Und das herholen, was gewesen,
fernab ausgetret´ner Pfade gehn.

Man müsste wieder Worte finden
für eine Zeit, die unser ist.
Der Reime wegen sie nicht binden
und ehrlich sein und nicht so trist.

Man müsste wieder Händchen halten,
wie es vor zwanzig Jahren war.
Und streicheln im Gesicht die Falten,
die diese Zeit für uns gebar.

Man müsste wieder, immer wieder,
und dieses *müssen* schon ein Wahn.
Es fällt der Schnee, bald blüht der Flieder,
und trotzdem hat man´s nicht getan.

Jürgen Molzen
APHORISMUS

Auch Süßholzraspler
können sauer werden.

Klaus G. Lonvitz
SPESEN FÜRS SPEISEN

Ist man dienstlich unterwegs,
gibt es Tagegeld – die Spesen,
reichen nur für´n kleinen Keks,
ein Getränk – das ist´s gewesen.

Man wird knapp nur abgespeist,
Angestellte kriegen wenig.
Wenn der Chef einmal verreist,
kriegt er Spesen wie ein König.

Wer als Staatsbeamter reist,
kriegt Diäten – das klingt mager,
womit man sogleich beweist –
von Diätkost bleibt man hager.

Ihre Chefs berührt das nicht,
deren Apanagen stimmen,
gut ist, wer nicht drüber spricht –
ihm bleibt leises Grolln und Grimmen.

Jürgen Molzen
DICHTUNGSMANGEL oder
IN ERMANGELUNG EINER DICHTUNG

Dem Wasserhahn, der immer tropfte,
ich gründlich heut sein Loch verstopfte.
Er nervte mich, machte mich blasser –
jetzt bin ich froh – es fehlt bloß Wasser!

Volker Krastel
ALTERSGEDANKEN

Freunde, wir haben uns verzettelt.
Für unsre Träume hab´n wir nicht gekämpft.
Wir haben uns dem „mainstream" angekettelt,
und das hat den Erfolg gedämpft.

Hier stehen wir, die Nachbarn grüßen,
die Kinder leben und wir haben Kost.
Wir wollen nicht, dass andre büßen
und Mindestlohn auch für die Post.

Wir sind nun mal die Nachkriegskinder.
Schuldlos, doch schuldig als Gefühl.
Wir wollen Tierschutz für die Rinder
und in der Kirche Polster für´s Gestühl.

Die Zeit verrinnt, wir sitzen rum,
die Tatkraft ist verschwunden.
Faulheit macht den Menschen dumm,
sogar den sonst gesunden.

Dagmar Neidigk
EINGEWECKTE ZEIT

Sammelt die Gläser!
Sammelt die Fässer!
Das Leben ist
ein Zeitenfresser.

Mit dem Alter
wird´s schlimmer.
Die Zeit –
sie fehlt immer!

Sammelt die Gläser!
Sammelt die Fässer!
Das Leben ist
ein Zeitenfresser!

Hilfe – wieder
ein Jahr um?
Sei´s drum!

Die Uhren
mögen noch
so schrein!
Ich weck die
Zeit einfach ein!

Ein Gläschen hier,
ein Gläschen dort,
mir rennt die Zeit
so nicht mehr fort!
Ich hab sie
ins größte Fass
gesteckt.
Was mach ich nur,
wenn das leckt???

Jürgen Molzen
ZUFALL

Vieles ist Zufall.
Und der Zufall bestimmt,
was der Zufall durch Zufall
uns gibt oder nimmt!

Rosel Ebert
ZICKENDIALOG

Eine Zicke
hängt am Stricke.
Neben ihr steht eine Kuh. –
„Muh!"

„Warst du gestern nicht ´ne Zicke
neben mir an diesem Stricke?"
fragt die Zicke jene Kuh. –
„Muh!"

„Wollt was andres sein als Zicke
neben dir an solchem Stricke.
Bin ab heute eine Kuh." –
„Muh!"

„Mäh!" sagt nun die erste Zicke.
„Bleibst ja doch an einem Stricke.
Ob nun Zicke oder Kuh." –
„Muh!"

4.Variante

PECH KLEBT AUCH AN GOLDNEN HÄNDEN

 Eines meiner Lieblingsmärchen als Kind war das von Frau Holle. Goldmarie und Pechmarie interessierten mich dabei am meisten. Natürlich war ich immer die Goldmarie. Gold und Pech gehörten für mich zu zwei unterschiedlichen Welten. Erst viel später lernte ich, dass beides mitunter ganz dicht beieinander liegen kann.

Und, dass Pech durchaus nicht nur mit der Bedeutung von schwarzem Teer gleichzusetzen ist. Manch einer lebt in einem goldenen Palast und zieht doch das Unglück an. Er hat eben Pech. Trotz goldener Taler. Wiederum glaubt ein anderer daran, goldene Hände zu haben, und doch gerät ihm alles daneben. Mitunter bleibt bei seinem Tun auch einfach nur der gewünschte Erfolg aus. So etwas kann zum Beispiel dann eintreten, wenn der Meisterkoch einen wundervollen Braten kreierte und man vergaß, ihm zu sagen, dass eine Gruppe Vegetarier im Anmarsch ist. Oder, wenn Handwerker ein kunstvolles Dach bauen, aber das Fundament des Hauses falsch berechnet wurde. Oder aber, wenn die Massagetechnik perfekt ist, aber der Arzt eine unklare Diagnose gestellt hat. Oft genug verkehrt sich das Gutgemeinte ins Gegenteil – warum auch immer.

Ene, mene, tue was,
heute dies und morgen das.
Kommt dabei nichts Tolles raus,
dann bist Du aus.

Volker Krastel
ACH, WAS SIND DIE FÜCHSE SCHLAU!

Es war Ende Oktober und das Wetter ungemütlich. Die Tage waren kurz, die Abende dafür immer länger. Zunehmend wurde es früher dunkel und man saß am liebsten im warmen Zimmer.

Es ist die Jahreszeit, in der Freunde gern zusammenkommen, um sich etwas zu erzählen. Dazu gehört dann ein gemütliches Essen mit Bier oder Wein. Die regionalen Vorlieben sind in Deutschland sehr verschieden. Hier in Brandenburg, am Stadtrand von Berlin, ist immer noch Eisbein mit Sauerkraut, Erbspüree und Salzkartoffeln ein Renner. Dazu ein kühles Bier – es darf auch Bockbier sein – und anschließend einen Doppelkorn zur Verdauung.

Also luden wir uns Gäste ein, wobei wir an sieben oder acht Personen dachten. Zwei Tage vorher kaufte meine Frau die Eisbeine. Und da die Nächte schon kühl waren, stellte sie das wohlverpackte Fleisch in einer Schüssel nach draußen auf einen Tisch vor der Terrassentür. Als sie am nächsten Tag mit den Vorbereitungen beginnen wollte, traf sie fast der Schlag. Die Abdeckung lag an der Erde und kein einziges Eisbein war mehr da! Ihr Blick fiel auf unseren Schwager, der gerade vorbei kam. Ihn fragte nun meine Frau offen heraus, ob er sich vielleicht einen schlechten Scherz erlaubt hätte.

„Wo hast Du die Schüssel denn diesmal hingestellt?" Der Schwager verneinte erstaunt: „Wie kommst Du denn darauf, vielleicht hat der Fuchs die Eisbeine geholt?" Tatsächlich schlich in den letzten Wochen ein junger Fuchs um unser Haus herum. Im Sommer hatte dieser oder ein anderer Fuchs in der Nachbarschaft ein Steak vom Grill gestohlen und war mit dem Fleisch im Maul von mehreren Bewohnern am Waldrand gesehen worden. Außerdem waren Kindersandalen, die vor der

Haustür lagen, schon öfter verschwunden und der Fuchs des Diebstahls bezichtigt worden. Denn vor einem Jahr hatte jemand im Wald einen Fuchsbau gefunden und darin die unterschiedlichsten Fußbekleidungen: Badelatschen, Sandalen, Kinderschuhe und anderes mehr. Das erklärte nun auch das Verschwinden einer Sandale unserer Enkeltochter.

Die Eisbeine waren weg und blieben verschwunden. Es blieb uns nichts anderes übrig, wir mussten neue besorgen. Nur den goldenen Händen meiner Frau ist es zu danken, dass das gemeinsame Essen doch noch pünktlich stattfand. Das schlaue Füchslein aber war nicht eingeladen.

Volker Krastel
PECH KLEBT AUCH AN GOLDNEN WORTEN...

Gesprochenes macht oft was her,
doch dies misslingt, wenn kichert wer!

Auch wenn manch Fakt besonders funkelt,
wer zu weit abschweift, der verdunkelt!

Rosel Ebert
PECH KLEBT AUCH AN GOLDNEN FÜSSEN...

Immer
wenn ich
erhobenen Hauptes
zwei Stufen auf einmal
zum Gipfel stürme –
kommt garantiert
ein Tollpatsch vorbei
und fällt mir
zwischen
die Füße!

Rosel Ebert
BEISPIELSPRICHWORT

„Hau den Lukas", dachte der Kraftprotz,
da war der Hammer auf dem Zeh gelandet.

Jürgen Molzen
GENUGTUUNG FÜR VEGETARIER

Selbst FLEISCH-ESSER
müssen ins GRAS beißen!

Jürgen Molzen
GEKÜRZT...

Letztens war ich leicht bestürzt,
was ich schrieb, stand da – *gekürzt!*
Und was gab ich mir für Mühe,
jetzt – gedruckt – die dünne Brühe...

Welch ein Pech, dacht ich – fürwahr –
doch versöhnt mich's Honorar!

Klaus G. Lonvitz
GLÜCKS- oder PECHSTRÄHNE

„Glück ist das Pech,
das wir nicht haben",
so hört man oft
den Spruch im Lande.

Ein ew'ger Glückspilz
kann sich laben –
Pechvögel schrein:
„Verrat und Schande!"

Dagmar Neidigk
HÖRET SIE NIMMER AUF…?

Haltet die Diebe, haltet die Diebe!
Sie stahlen sie uns – die große Liebe!
Sein zarter Kuss, seine starke Hand,
gestern noch hab ich lichterloh gebrannt!
Nie voneinander wollten wir lassen.
Ein unendlich Liebeslied verfassen.

Mal um Mal schlichen sie ums Haus.
Öfter schaut ich zum Fenster raus.
„Schmeiß sie hinaus!", rief ich laut.
Noch haben wir uns echt vertraut.
„Mach doch Du!", warf er mir nun zu.
Da gingen sie schon ein und aus.

Des Alltags Maske überm Kopf,
des Selbstnutz Mantel unterm Zopf,
der Eitelkeit Schuhwerk geputzt.
Nur das getan, was selbst uns nutzt.
Den Schlüssel verlor Hand für Hand.
Aus dem Paradies selbst verbannt.

Die Diebe – sie sind entkommen.
Haben das Liebste mitgenommen.

5. Variante

ALLES ODER NICHTS

 Man kann alles wollen und nichts erreichen. Man kann alles haben und nichts empfinden. Man kann sich vorkommen wie ein Nichts, obwohl man alles erreicht hat. Man kann nichts haben und trotzdem alles geben. Man kann alles beginnen und nichts vollenden. Man kann alles lernen und nichts damit anfangen. Man kann alles wissen und an nichts glauben. Man kann alles erwarten und nichts bekommen. Man kann alles probieren und nichts davon haben. Man kann, kann und kann...

Ob alles im Leben letztendlich besser ist als nichts, scheint eine Frage der Sichtweise zu sein. Die wiederum hängt von der Lebenseinstellung des Betrachters ab. So gesehen stellt sich die Frage ganz anders: Ist der, dem nichts dann doch alles bedeutet, ein wunschlos glücklicher Mensch?

Eins, zwei, drei,
wir rühren Schlamm zu Brei,
die Algen noch dazu,
und raus bist du.

Klaus G. Lonvitz

DER WEG ZU DEN WEISEN AFFEN

Wenn er schöne Worte wählte,
und sehr lebendig was erzählte,
lieh ich ihm mein Ohr – gar beide,
wodurch ich aber schrecklich leide.

So hab ich sie dann ganz verloren –
nicht zurück gab er die Ohren.
Nun kann ich ihn nicht verstehen,
auf den Mund nur kann ich sehen.

Wird ein Bild zur Schau gebracht,
auch in schönster Farbenpracht,
werd ich tun, als sei ich blind –
Augen schließ ich ganz geschwind.

´s Sprechen hab ich eingestellt,
auch, wenn sich wer dazugesellt.
Der darf ruhig viel parlier´n –
Lippe will ich nicht riskier´n!

Weder hörn, noch sehn und sagen,
grundlos ist es noch zu klagen.
Werden sie mich auch begaffen,
schön ist´s bei den weisen Affen.

So empfind ich doch hienieden
endlich so den sel´gen Frieden.

Rosel Ebert
... UND WIEDER ZURÜCK

Halte ich mich an die Affen,
macht mir das bestimmt zu schaffen.
Wegzusehen fällt mir schwer,
engagiere mich zu sehr.

Reden muss ich auch sogleich,
wird das dumme Herz mir weich.
Bin mit ganz weit offnen Ohren
stets auf Hilfe eingeschworen.

Räten uns die weisen Affen,
zu 'ner Lippe kess wie Laffen,
die die Wahrheit stets verkünden
und des Lebens Sinn begründen:

Könnten wir uns überwinden,
dann das Gute auch zu finden. –
Sprechen, hören, sehn muss sein,
es befreit uns von der Pein!

Volker Krastel
DER WEG ZU DEN WEISEN AFFEN UND ZURÜCK

Leider ist es, wie es ist.
Ob nun Heide oder Christ,
Menschen, gleich in welchen Staaten,
zähl'n nun mal zu den Primaten.

Nur, dass ich es kurz erwähn,
jeder hat also das Gen.
Was ein Affenhirn verwirrt,
sich im Menschen auch verirrt.

So tät´s der Gesellschaft gut,
hätten viele doch den Mut,
hinzuhören und zu sehen,
statt nur schweigend da zu stehen.

Mit ´nem passgerechten Wort,
unvermittelt und sofort,
ließ sich unheilvolles Handeln
häufig noch zum Guten wandeln.

Doch passiert es immerfort
überall an jedem Ort,
dass, dem Menschen ist´s ´ne Qual,
Affen sind in Überzahl!

Volker Krastel
DER MAGNET

Dies Ding hier hat die Eigenschaft
der Permanentanziehungskraft.
Ganz allgemein gilt die Erfindung
als Sinnbild starker Partnerbindung.

Man sollte immer darauf achten,
dass man die rechte Polung nimmt.
Es reicht ja nicht, sich anzuschmachten,
wenn das Magnetfeld nicht mehr stimmt.

Dagmar Neidigk
ANNÄHERUNG

Annähern. Nähern. Nahe sein. Eins sein.
Entfernen. Entfremden. Entzweien.
Erinnern. Bereuen. Wieder und wieder.
Suchen. Dich suchen. Mich suchen.
Zweifeln. Bezweifeln. Verzweifeln.
Begreifen. Verstehen. Verzeihen.
Annähern…Dich finden. Sich finden.

Jürgen Molzen
NICHTS-SAGENDES

Gesetzt den Fall, man hätte alles:
Nur angenommen, dass es so wär,
dann brauchte man – im Fall des Falles! –
nichts. – Und von dem NICHTS dann auch
nichts mehr!

Jürgen Molzen
SPRUCH DER WOCHE I

Menschen, die nichts brauchen,
sind meistens schon bedient.

SPRUCH DER WOCHE II

Dieses „Man müsste wieder…"
ist der erste Schritt.
Es auch zu tun – Konsequenz!

Klaus G. Lonvitz
WAS MAN MIT EINER POSAUNE SO ERLEBEN KANN

Weidenflöten hatten wir uns in den Kinderjahren selbst gebastelt, und
später in der Schule lernten wir im Musikunterricht, mit der Blockflöte
Lieder zu spielen. Das Spielen auf der Weidenflöte haben wir uns mit
vielen daneben gegangenen Versuchen selbst beigebracht, aber für
die Blockflöte war doch eine Lehrerin nötig. Die Eltern hatten viel aus-
zuhalten, wenn wir unsere Übungen dafür zu Hause immerzu wieder-
holen mussten; denn die Finger wollten nicht so, wie es das Notenblatt
vorschrieb.

Zu einem Elternabend trat unser Schulorchester, in dem wir inzwischen
mitspielten, in einem Kulturprogramm auf. Lampenfieber und Angst vor
den Noten, der Geheimsprache der Musiker, brachten davor schlaflose
Nächte und Gefühle der Unsicherheit. Dadurch, dass ich später immer
mehr Freude am Spielen der Blockflöte fand, habe ich mir zusätzlich
noch eine Okarina gekauft und autodidaktisch darauf spielen gelernt.
Mein Traum ging aber weiter – ich wollte nun auch noch die Posaune
beherrschen. Ein Freund, der schon in einer kleinen Kapelle spielte,
brachte mir die ersten „Flötentöne" auf einer Posaune bei. Er wollte,
dass ich später in dieser Kapelle Mitglied werde. Das Spielen nach
Noten musste ich dann aber fleißig lernen, wobei ich immer wieder an
mein Lampenfieber in der Schule denken musste. Alles lief gut, denn
ich durfte nach einem Jahr schon in dieser kleinen Kapelle mitspielen.

Es kam der Tag, an dem die Musiker mehr und mehr von unserem Auf-
tritt beim Erntefest auf der Dorfwiese sprachen. Damit stieg in mir aber
die Aufregung zu meinem ersten Auftritt deutlich an. Manch ein Alb-
traum quälte mich in den Nächten davor. Am Tag des Erntefestes
standen wir auf der erhöhten Bühne, musizierten zur Freude der fröh-
lich tanzenden Bäuerinnen und Bauern – alles lief gut. Plötzlich aber

stellte sich ein angeheiterter Bauer an unseren Bühnenrand, sang und tanzte allein mit sich. Dann aber schaute er auf mich und zeigte nach meiner Einschätzung Missfallen in seinem Gesichtsausdruck, er schüttelte auch verständnislos seinen Kopf. Meine innere Erregung sagte mir, dass ich heute noch nicht hätte mit auftreten sollen. In der kommenden Pause wollte ich dann, wenn auch mit Schimpf und Schande, die Bühne verlassen und nach Hause laufen.

Die letzten Takte waren gespielt, die Tanzpaare und das Publikum applaudierten in fröhlicher Stimmung. Der Bauer aber kam mit verbissenem Gesicht schnell auf die Bühne, zog den Außenzug aus meiner Posaune, glotzte mich an und fragte in ziemlich barschem Ton: „Sag mal, kannst du das Ding nicht auseinanderkriegen? Da hast du´s!" Ich schaute hilflos zu unserem Tubaspieler hinüber, der erstaunt sagte: „Hast du dafür noch Töne?" Ich rief: „Nee, ich hab nun wirklich keine mehr!"

In diesem Moment bin ich dann schweißgebadet aufgewacht; denn meine Frau stand in der Tür zum Schlafzimmer und rief: „Na, Alter, du musst jetzt aus den Federn; denn heute Nachmittag spielt ihr beim Erntefest zum Tanz, und vorher noch ein bisschen üben wollt ihr ja auch noch".

Wie froh war ich, dass ich diesen Quatsch nur geträumt hatte. Als ich dies den anderen in der Kapelle erzählte, sagte der Tubaspieler: „Ein besseres Omen gibt es wohl nicht für unseren Auftritt zum Tanz beim Erntefest, und wir wollen damit ja die fröhlichen Menschen zusammen- und nicht auseinanderbringen."

Volker Krastel
IM BEDUINENDORF

Ein Araber im buntbestickten Kleid,
vielleicht ein Derwisch, genau weiß man´s nicht,
dreht sich im Kreis, als sei er nicht gescheit;
verdeckt dabei mit Tellern sein Gesicht.

Er kreiselt, dreht sich, wird nun immer schneller
und bunte Lämpchen leuchten am Gewand.
Er wirbelt und der Rock gleicht ´nem Propeller,
dabei hält er ein Kind an seiner Hand.

Es scheint, jetzt gleich verliert er die Balance,
den Beutel wirft er einem andern zu.
Die Augen wirr, er fällt nun fast in Trance
und dreht sich ohne Pause immerzu.

Stockdunkel war´s im Dorf der Beduinen,
als plötzlich Flammen einen Platz erhellen
und Fackeln, die als Feuerstangen dienen,
nun Feuerräder in das Dunkel stellen.

Der Feuerteufel dreht sich wie besessen.
Dann speit er Flammen gleichsam einem Drachen.
Das Essen hat man dabei ganz vergessen,
verführt von denen, die Spektakel machen.

Das Barbecue war nun schon längst erkaltet,
man aß in Eile und es ward indessen
die Lampe an der Bühne angeschaltet:
Die Krönung folgt – ein Bauchtanz, unvergessen!

6. Variante

AUF DEN HUND GEKOMMEN

Der Ausspruch trifft uns im Leben immer wieder. Ganz egal, welche Seite wir unter die Lupe nehmen. Schauen wir auf das Thema „Gesundheit". Hier spielt der „Hund" eine durchaus beachtenswerte Rolle. Es beginnt damit, dass wir hundemüde sind. Dann tun uns von der Hundearbeit alle Knochen weh. Natürlich dauert es nicht lange und wir fühlen uns hundeelend.

Unversehens liegen wir auf Grund der Hundekälte mit Fieber und Schnupfen im Bett und trinken Tee aus Hundskamille. Kaum wieder genesen, prellen wir uns die Hüfte, weil wir auf Hundesch... ausrutschen. Statt dass uns aber nun der ersehnte Trost zu Teil wird, empfängt uns die bessere Hälfte mit einem hundsgemeinen Lachen. Zu allem Unglück besteht auch noch die Gefahr, dass uns ein Herzinfarkt ereilt, weil wir von einem Hundesohn betrogen werden. Was für ein Hundeleben! Manchmal geschehen auch so unglaubliche Dinge, dass wir meinen: „Es wird der Hund in der Pfanne verrückt." Oder wir erliegen gar einem Hundeblick.

Wie auch immer. Mensch und Hund fühlen sich seit eh und je miteinander verbunden. Soll man aus all dem nun schlussfolgern, dass der Hund der beste Freund des Menschen ist? Ja, wenn es um Schoßhunde, Hofhunde, Schlittenhunde, Jagdhunde, Polizeihunde oder Blindenhunde geht, könnte man wirklich daran glauben. Da hat sich die Freundschaft bewährt. Von Hund zu Mensch. Oder von Mensch zu Hund. Natürlich gibt es auch arme Hunde. Solche armen Hunde finden wir zum Beispiel in den medizinischen Forschungslabors. Anders gesehen gibt es aber wiederum nicht nur arme Hunde, sondern auch arme Menschen. Die – vielleicht hat man ihnen all ihr Geld aus der Tasche gezogen – sind dann tatsächlich auf den Hund gekommen.

Ene, mene, miste,
der Hund sitzt in der Kiste.
Die Kiste, die ist zu,
und raus bist Du.

Volker Krastel
ES WAR EINMAL EIN HUND

Es war einmal ein Hund. Sein Herrchen nannte ihn Doktor. Doktor lernte, bestimmte Krankheiten am Geruch zu erkennen. Manchmal legte er den Kopf schräg und schaute einem tief in die Augen, dann lief er zu einem Kraut, wedelte mit dem Schwanz und bellte. Alle wussten, das ist jetzt wohl die richtige Arznei. Manchmal holte man ihn zu schwer Erkrankten. Er rieb sich an ihnen und brummte freundlich. Die Betroffenen berichteten, dass sie plötzlich nur noch geringe Schmerzen hätten. Und irgendwie sei alles viel harmonischer und ruhiger.

Doktor erwarb sich Anerkennung und Lob. Er hatte gut zu essen, ein schönes Hundeleben und alle waren zufrieden. So kam es, dass Doktorhunde modern wurden. Jeder wollte einen solchen Hund. Man überbot sich, es einem „Doktor" so angenehm wie möglich zu machen. Es dauerte nicht lange und ein Geschäftsmann hatte eine Idee: Solche Doktorhunde musste man nur richtig vermarkten. Die Menschen sollten einfach regelmäßig einen Betrag zahlen, dann käme bei Notwendigkeit sofort ein „Doktor" ins Haus.

Diese Idee schlug ein. Alle wollten nun einen solchen Vertrag abschließen. Denn es beruhigte jeden, dass er, wenn es schlimm kam, mit der Hilfe des Doktors rechnen konnte. Der Geschäftsmann brauchte immer mehr Doktorhunde. Auch die Ausbildung kostete Geld. Die Kranken hatten sich an alles gewöhnt, wollten aber nicht viel Geld bezahlen. Also begann der Geschäftsmann, die Gelder für Hundezüchter, Essen und all das Wohlleben der Hunde zu reduzieren. Die Hunde sollten mehr für die Kranken arbeiten.

Auch waren die Hunde durchaus nicht überall in gleichem Maße beliebt. Der Geschäftsmann beschloss, die Doktorhunde unterschiedlich zu behandeln. Die ersten zwei Jahre ging es denen besser, die nur wirklich Kranke behandelten, dann aber denen, die lauter bellten, und plötzlich denen, deren Unterhalt billiger war und schließlich jenen, die längere Zeit von den Kranken benötigt wurden. Doch die Doktorhunde verhielten sich in einer Sache immer gleich: Das Wichtigste war, die Kranken wurden gesund.

Nach und nach wurde der Druck immer größer. Die Streicheleinheiten waren geringer geworden und es gab immer mehr Züchtigungen, auch Schläge oder weniger zu essen. So ging es Jahr für Jahr. Alle hatten sich daran gewöhnt und fanden es vollkommen normal, dass die Doktorhunde so geduldig ihre Arbeit machten. Weil das Ganze gut klappte, hatten die Doktorhunde immer mehr zu tun und kamen kaum noch zum Essen, die Rationen waren sowieso gekürzt.

Eines Tages fing der erste Hund an zu knurren. Man hatte ihm zwei Tage nichts zu essen gegeben. Eine Woche später berichtete ein Hochdruckkranker, sein Doktor hätte ihm die falsche Medizin gegeben und ihn dann noch gebissen. In den Medien wurde berichtet, dass aus einem Großstall alle „Doktoren" ausgebrochen seien. Die Suche sei bisher vergeblich gewesen.

Rosel Ebert
BELLENDE HUNDE...

Bist du ein Wolf, bist du ein Hund?
Du kläffst, als sei es deine Pflicht.
Wird mir das Bellen dann zu bunt,
mach ich schnell beide Ohren dicht.

Nehm jenen Spruch und tu ihn kund,
den kennt bereits der kleinste Wicht:
Tut er auch noch so scharf der Hund,
wenn er laut bellt, dann beißt er nicht.

Jürgen Molzen
JETZT

Der DAX
ist auf den Hund
gekommen.

Jetzt könnt ich alles kaufen,
in dieser bunten Welt.
Doch geh ich Wasser saufen:
Mir fehlt das große Geld!

Klaus G. Lonvitz

**MAN KANN IMMER
AUF WAS KOMMEN**

Wer träge seinen Tag verbringt,
als Träger gar nicht fleißig ist
und nur das Lied der Faulheit singt,
der ist ein wahrer Nihilist.

Zum Lebensstil kommt er auf nichts,
drum bleibt ihm eines unbenommen,
trotz seines faulen Schwergewichts,
ganz sicher auf den Hund zu kommen.

Jürgen Molzen

RESIGNATION ist ein
Zugrundegehen auf Raten!

Zurück in die **STEIN-ZEIT**?
K e i n Problem:
Viele Herzen sind schon aus Stein!

Dagmar Neidigk
ANTE PORTAS

„Wo ist er geblieben?", raunte der Chef seinem Adlatus zu. Der machte ein verdutztes Gesicht. Das geht doch gar nicht, dass so eine very important Person mal ebenso verloren geht. Was nicht sein kann, das nicht sein darf. Er könnte ja noch in der very important Menschentraube stecken und nicht vom Erdboden verschluckt sein. Die Nervosität wurde vom Chef laut weggelacht, das Protokoll eingehalten. Der Tross schien ahnungslos.

Nur wenige Meter vom Staatsgeschehen entfernt ging das Leben in der Fahrschule Müller seinen üblichen Gang. Müller plagte das Gefühl, seine Fahrschüler würden immer blöder, zumindest begriffsstutziger und vor allem fauler. Das Klappen der Eingangstür riss Meister Müller aus seinen Gedanken – wieder so ein Zuspätkommer. Es ist zum Auswachsen. Auf die Ausrede von dem Dussel war er gespannt. Neulich hat einer seiner eloquenten Fahranwärter behauptet: „Meine Bahn hatte ´nen Platten!" Na, die nächste Pappnase kaufe ich mir, dachte er, und holte tief Luft.

Anstelle der von ihm erwarteten kunterbunt gefärbten Haare, zerrissenen Jeans und verbogenen Nasenringe wünschten ihm drei in dunklem edlen Tuch gewandete Herren einen Guten Tag und fragten, ob sein Büro über eine Toilette verfüge. „Heute ist doch kein Fasching!", raunzte Müller. Denn der Herr in der Mitte, der sah tatsächlich aus wie, … wie Gorbatschow. Müller polterte gleich weiter, ob man bei der Doppelgänger Agentur nicht lernt, wo es öffentliche Toiletten vorm nächsten Auftritt gibt. Es schien dringend und er gab sich gnädig: „Na egal, geht hier schnell aufs Töpfchen, Jungs! Der sieht aber echt aus wie Gorbatschow!", raunte er den beiden Männern zu, die vor der Toilettentür wie Zinnsoldaten Aufstellung genommen hatten. „Der sieht nicht nur so aus, das ist Michail Gorbatschow. Er hat hier einen offiziellen Termin! Aber weit und breit war so schnell keine Toilette zu finden!", zischte einer der Zinnsoldaten zurück. „Also wisst Ihr, Jungs, ich habe es mit so vielen Ausreden und Lügen zu tun, nehmt mich nicht auf den Arm, Fasching ist vorbei!", gab Müller lachend zurück.

In diesem Moment öffnete sich die Toilettentür und der Gorbi-Doppelgänger trat strahlend heraus! Dem verdutzten Müller streckte er die Hand entgegen und sagte mit feinem russischem Akzent „Спасибо, mein Freund!" „Da wird doch der Hund in der Pfanne verrückt! Das glaubt mir keiner! Sie sind es ja wirklich! Gorbi auf dem Klo bei Fahrschul-Müller! Nee, dass ich das erleben darf! Was für eine Ehre! Geben Sie mir bitte bitte ein Autogramm!"

Als sich Müller von dem Schock erholt hatte, rief er sofort beim Lokalblatt an. „Kommt schnell und fotografiert meine Eingangstür! Da hat eben Gorbatschow ein riesengroßes Autogramm drauf geschrieben, nachdem er auf meinem Klo war!" Der Redakteur murmelte beim Auflegen des Hörers: „Also, die Leute schrecken aber auch vor nichts zurück, um Werbung für sich zu machen!"

Jürgen Molzen
FRAGEN DER WOCHE

Was nützt einem der rote Faden,
wenn man farbenblind ist?

Wenn jemand das Naheliegende nicht sieht –
was nützt ihm dann ein FERN-GLAS?

Klaus G. Lonvitz
HOMONYM

Ein Tanker **lief aus**, danach musste der Ölteppich
im Hafen nicht beseitigt werden.

Volker Krastel
CAVE CANEM – HOMO HOMINEM LUPUS EST

Manches, was die Menschen so treiben,
find ich sehr vermessen.
Es sollte tunlichst unterbleiben,
dass Menschen Menschen fressen!

Darum: Hüte Dich vor dem Hund –
denn der Mensch ist des Menschen Wolf!

Rosel Ebert
HUNDEBLICK

Sie hängt an ihm treu wie ein Hund.
Doch ihm erscheint das ungesund.

Beeinflusst ewig das Geschick,
durch Betteln mit ´nem Hundeblick.

Er fühlt sich, ich sag´s unbenommen,
so richtig auf den Hund gekommen!

7.Variante

JEDER KRÄMER LOBT SEINE WARE

 Als meine Kinder klein waren, hatten sie einen Kaufmannsladen. Von Eltern und Großeltern wurde er regelmäßig mit den verschiedensten kleinen Dingen gefüllt. Da gab es Süßigkeiten ebenso wie harte rohe Erbsen, Nudeln und andere „Füllprodukte". Als Maßstab galt die Größe. Was in diesem Fall hieß: Je kleiner, umso besser! Denn in erster Linie musste all das in die winzigen Kästen passen. Gewöhnlich übernahm mein Sohn die Rolle des Kaufmannes. Er war der Ältere und damit der Bestimmer. Seine jüngere Schwester „durfte" einkaufen. Noch heute ist es mir ein Rätsel, mit welchen Raffinessen es ihm gelingen konnte, der Schwester die Erbsen und Bohnen aufzuschwatzen, damit er sich selbst anschließend die besonders bevorzugten bunten Liebesperlen in den Mund stopfen konnte. Eben jenes begehrte Objekt, welches die Einkäuferin erwerben wollte. Doch der Verkäufer muss sie mit den „Vorzügen" der anderen Ware beeindruckt haben. Was sonst?

Jedes Mal, wenn ich mit den nie enden wollenden Werbeangeboten konfrontiert werde, muss ich daran denken. Natürlich will man sich das Beste gönnen. Preiswert soll es auch sein. Als mündiger Bürger treffe ich dann eine Entscheidung und werde oft genug von „günstigeren" Angeboten überzeugt. Sei es auch nur in Bezug auf die Packungsgröße eines Produktes! Dann befinde ich mich in einer Zwangslage. Der Händler oder Krämer nicht minder. Selbst, wenn dessen eigene Überzeugung ins Wanken gerät – muss er nicht bei Strafe seines Untergangs dafür sorgen, dass die Gutgläubigkeit der Käufer durch nichts erschüttert wird?

Manchmal werden wir auch selbst zum „Krämer". Dann loben wir „Waren", die gar keine richtigen sind, die aber in unserem Leben einen ganz besonderen (Gebrauchs-)Wert erhalten haben. Für uns, eventuell aber auch für andere...

Ene, mene, mu,
was sagst du nun dazu?
Die Nase steckt im Dreck,
und du bist weg.

Klaus G. Lonvitz
ROOTS

Man hört begeistertes *Hurra*;
denn > Cirk la Putyka < ist da.
Er bringt wie das Chamäleon
viel Buntheit in den Kunstsalon.

Die Kindertage leben auf –
Geschichte im Entwicklungslauf
zeigt früh´re schöne Zirkuskunst –
sie steht noch in sehr hoher Gunst.

Die Akrobaten und der Clown,
ergreifend diese anzuschaun.
Der Mut, die Kraft und auch der Spaß,
im Wechselspiel, ohn Unterlaß,
beflügeln unsre Phantasien
wie Blüten, die gerad erblühn.

Gepaart ist dieses Bühnenwerk
auch mit geschichtlichem Vermerk.
So ist die Szenerie perfekt,
zeigt uns, wie tief die Wurzel steckt.

Mein Sinnen führte mich nach Prag,
Regiegestaltung, die ich mag.
Drum sag ich Leuten guten Muts:
„Geht ins Chamäleon zu ROOTS"!

Rosel Ebert

SCHEIN-WERBUNG oder
TRICKREICHE OHRWÜRMER

Wenn Strauss mit „Zarathustra" spricht,
schmeckt Warsteiner auch mir.
Bin ich doch sonst nicht drauf erpicht –
nun wird´s ein Klasse-Bier!

Beim „Tanz der Stunden" träum ich gar
von fetten Sahnetorten.
Mir ist, als wird ein Märchen wahr,
seh ich die vielen Sorten.

Mercedes schwebt beim alten Bach –
ich kann nicht widerstehen.
Bin bei den Klängen gleich hellwach,
das darf ein jeder sehen.

Puccini wird bedacht erwählt
von Telekom und Co.
Der Ohrwurm ist´s, allein der zählt,
das war und bleibt auch so.

Der Mensch fällt auf Versprechen rein,
die den Genuss vermehren.
Doch strahlt die Werbung nur zum Schein
und niemand kann sich wehren!

Dagmar Neidigk
OH TANNENBAUM ANNO 1960

Es wird sein wie jedes Jahr. Mutter wird den Kartoffelsalat anrichten und Wiener auf den Tisch bringen. Wenn sie Exportbier vom Berliner Bürger Bräu bekommt, könnte es beim Fleischer unter der Theke sogar Schweinefilet geben. Dank des Deputat-Biers klappt es meist. Nur nicht beim Weihnachtsbaumkauf auf dem Markt. „Der trinkt kein Bier!", sagt Vater resigniert und meint: „Wo sind die echten Männer hin?" Also geht das Gezeter schon tagelang vor dem Heiligen Abend los. „Karl, denk rechtzeitig an einen schönen Baum! Lass Dir was einfallen!", mahnt Mutter. „Cognac trinkt der auch nicht – und das Schweinefilet geben wir nicht her!", tönt Vater durchs Haus. „Hauptsache ein schöner Baum!" Mutters Wunsch ist ernst zu nehmen. Sie hat alle in der Hand, sie hat das Schweinefilet!

Jedoch erst am Tag der Tage geht Vater mit mir dick eingemummelt los – wenige Schritte zum Marktplatz. Im Haushalt wird ihm einmal im Jahr eine wichtige Aufgabe zuteil: diese! „Vati, guck Dir die Krücken an! Hätten wir ihn bloß eher geholt!", jammere ich bei der Ankunft auf dem Markt. „So ist er schön frisch, wirst sehen, mit viel Lametta und Kugeln wird er ein Schmuckstück!" Ich sehe nur noch eine gute Handvoll Strünke. „Wir nehmen den!", entscheidet Vater ruckzuck. Dem guten Rat des Verkäufers: „Nehmen Se lieba noch eenen zweeten oder dritten. Wenn se die jeschickt zusammen binden oder Äste von den andern anbohren, wirds een schöner Tannenbaum!" Der gute Mann kennt Vaters linke Hände nicht. „Nö, wenn der geschmückt ist, trauen Sie ihren Augen nicht!". Ich weiß, wie wahr das ist!

Der Strunk wird an der Küche vorbei ins Wohnzimmer geschmuggelt. Er passt gut in die Ecke. „Dreh ihn mal noch ein bisschen. Dann macht er mehr her!". Das geht prima, es sind ja kaum Zweige im Weg. „So Kleene, nun hol mal das Lametta und die Kugeln!"

Mutter hat uns gehört und ruft: "Denkt dran, immer schön Faden für Faden beim Lametta! Oder soll ich helfen?" „Bleib du mal lieber beim Filet, Klara!", zwitschert Vater und steckt sich gemütlich eine Zigarre an. Die Glocken der nahen Christophorus-Kirche läuten feierlich.

Ich halte ein Gewirr silberfarbener zerknautschter Fäden aus den Vor-jahren in den Händen, während Vater voller Enthusiasmus die Kugeln an den Strunk hängt. Er braucht nur sieben. Dermaßen ermuntert lege ich die Watteähnlichen Gebilde von Lamettahaufen auf die Mangelwa-re namens Zweige. Vater guckt zufrieden. Bratenduft erfüllt die Räume. Vater intoniert „Oh Tannenbaum!"

„Darf ich schmulen?!", Mutter betritt – mit den Händen an der Schürze – das Wohnzimmer. „Um Himmels willen Karl! Das ist ja wieder so eine hässliche Krücke!" Zum Glück stellt Mutter trotzdem ihren unübertreff-lichen Schweinebraten auf den Tisch. Beim Festtagsschmaus strahlt Vater: „Sieh mal Klara, wie schön die Kugeln von Deiner Mutter zur Geltung kommen, wenn nicht so viele Zweige im Weg sind!"

Mein Vater ist ein weiser Mann!

Volker Krastel

DICHTKUNST

Man kann ja über Rilke streiten,
da er den Schatten sieht im Licht.
Was sichtbar ist in unsren Zeiten,
macht blind und Blinde sehen nicht.

Die Augen als der Sinne Adel
verschaffen uns den Überblick.
Jedoch bei Dunkelheit im Stadel
bleibt unsichtbar der Welt Geschick.

Ich lob in dichterischem Spiele
die eigne Dichtkunst unbesehn.
Und dies führt immer dann zum Ziele,
wenn Sinn und Wort zusammengehn.

Jürgen Molzen

BEIM „CHAPLIN VON WEINBERCHWECH"

Als Knirps spielte ich in den Trümmern von „Carow's Lachbühne".
Gemeinsam mit Nachbarskindern. Wir machten Mutproben. Balancier-
ten auf Eisenträgern. Unter uns in Schutt und Ziegelsteinen: Der „Wal-
halla-Keller". Dieser Keller, in welchem der große Carow seine Zuhörer
zu Begeisterungsstürmen hinriss. Mein Vater, Arthur Molzen, erzählte
mir oft von ihm. Dem großen Volkskomiker Erich Carow, der in Berlin-
Mitte, im Weinbergsweg 20, sein künstlerisches Domizil hatte. Über
den der Schriftsteller, Schauspieler und Regisseur Karl Schnog
schrieb:

„Nee Kinders, wia sind doch so reich in Berlin
an lustigen Männern und Fraun:
Ebinger, Lieske, Valetti, Döblin,
uff alle die können wa bau´n.
Doch der Keßte, wenn íck det jut ieberleech,
det bleibt doch der Chaplin von Weinberchwech.
Jeh hin, dann lachste jeheerich.
Nua Eena, wenn ma det richtich besieht,
hat so eene Schnauze und soviel Jemiet: Unsa Erich!!"

Heute ist dort der Volkspark Weinbergsweg. Die Bäume, die dort ste-
hen, sind nicht ganz so alt wie ich. Sie sind mir lieb geworden. Oft bin
ich in dem Kiez. Erinnere mich der Kinderzeit: Knödeln mit einem Ball
aus Lumpen. Trieseln mit einem Holztriesel. Zeitungen habe ich ausge-
tragen. Zum Goldschmied Jochimsen. Zum Drogisten Bengsch. Er
schenkte uns Kindern (vermeintliche) Luftballons. Wir bliesen sie auf
und ernteten Lacher. Später wussten wir, dass es Kondome waren.
Reden mit der alten Frau Biber, der Zeitungsverkäuferin. Ecke Wein-
bergsweg/Lothringer Straße. Begegnungen mit Zeitungsfahrern, die auf
ihren Fahrrädern riesige Rucksäcke balancierten, wahre Künstler.
Wenn ich daran denke, muss ich heute noch schmunzeln. Jedes noch
so kleine Detail hat in der Sammlung meiner Erinnerungen einen un-
schätzbaren Wert...

Jürgen Molzen
EIGEN-WERBUNG

Es gibt Leute,
die andere glauben machen,
dass sie die sind,
für die man sie hält.

Dagmar Neidigk
VERHEXT

Wenn ich koche
denk ich daran,
wie es Dir schmeckt,
mein lieber Mann!

Ahne schon,
wie Deine Zunge
die Lippen leckt,
wie Du eine Portion
nach der anderen
verputzt
und verdutzt
fragst:
Alles alle – schon?

Wie Du Löffel und
Teller beschleckst,
zum Schluss erschreckst:
Das Hemd ist bekleckst.
Das ist wie verhext.

„Wie heißt das Gewürz,
das Du in die Töpfe tust?
Was kein Koch je beschrieb?"
Ich verrat es Dir:
„Ich hab Dich lieb!"

8. Variante

HALBE ARBEIT IST KEINE ARBEIT

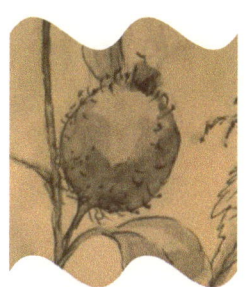 Ich habe es noch nie leiden können, wenn eine Arbeit nur halb gemacht wird. Doch immer wieder stoße ich auf Menschen, die das ganz anders sehen. Alles, was ich als halbfertig empfinde, kann in ihren Augen ganz locker als erledigt abgehakt werden. Vermutlich ist so etwas eine Frage der Definition. Oder der Herangehensweise an das Problem. Unter biologisch-medizinischem Gesichtspunkt wird Arbeit gleichgesetzt mit Tätigkeiten, deren Ausführung den Organismus beanspruchen und die mit Energieverbrauch verbunden sind. So weit, so gut. Doch genau hier liegt der Knackpunkt. In schön-ster Regelmäßigkeit sind viele Menschen nämlich nach anfänglicher Einsatzfreude irgendwann davon überzeugt, ihren Organismus zur Genüge beansprucht zu haben. Und die verbrauchte Energie grenze schon fast an Verschwendung!!! Nur – die Arbeit ist noch lange nicht beendet. Finde ich. Sie nicht. Klar. Auf jeden Fall leben solche Artgenossen auf diese Weise wesentlich ruhiger.

Nach meinem Verständnis wiederum wird Arbeit als zweckgerichtete, planvolle und organisierte Tätigkeit definiert. Der Unterschied liegt auf der Hand. Da in diesem Sinne Ziele und Vorgehensweise mit der Arbeitsaufgabe eindeutig formuliert sind, kann es aus meiner Sicht überhaupt keinen Zweifel an dem anvisierten Ergebnis geben!!! Alles, was dem widerspricht, grenzt an Schlamperei und „Halbe Arbeit" müsste mit „Zwangsarbeit" bestraft werden. Oder etwa nicht?

Ene, mene, mum,
die Straße, die ist krumm,
ein Abgrund noch dazu,
und raus bist du.

Volker Krastel

„ZWANGSARBEIT" –
DER BESEN AUF DEM BERG

Auf einem Berg ein Besen stand.
Der blickte stolz ins weite Land
und war dabei sichtlich bewegt.
Er hatte alles leer gefegt.

Er lehnte an ´nem großen Stein.
Auch das, das sollte wohl so sein.
Sonst hätte er sich müssen legen.
Im Liegen könnte er nicht fegen!

Zufrieden schaute er ins Rund.
Alles war sauber, hell und bunt.
Hinweg gefegt, was rumgelegen.
Und auch kein Schmutz mehr auf den Wegen.

So gründlich hatte er gefegt,
dass sich nun kaum noch was bewegt.
Auch Käfer, Schnecken, Mücken, Fliegen
sah man nicht auf den Straßen liegen.

Kein Staubkorn und kein Blumenblatt
drückte sich auf dem Asphalt platt.
Die Welt bis zu dem letzten Stein
war sauber, blank und klinisch rein.

Da stand er nun mit stolzer Brust.
Bekam zu fegen neue Lust.
Begann sofort zu überlegen:
Wo könnte er nun weiter fegen?

Doch er fand keine Stelle mehr,
denn alles war gefegt und leer.
Es gab nicht eine Puseratze.
Alles war blank wie eine Glatze.

Fazit: Niemals übertreiben.
Etwas Schmutz darf liegen bleiben.
Bleibt nichts zu tun, das wäre schaurig,
man wird dann depressiv und traurig.

Jürgen Molzen
VOM WANDERN

Der Weg – er schlängelt endlos weiter:
Die Schlange lockt zum Wandertag.
Begrünt, mal holprig – sonnig-heiter,
ein Weg, den ich gern wandern mag.

Ich greif ihn an auf Schusters Rappen
und heimse Kilometer ein.
Schon nach fünf Stunden – etwas knappen! –
steh ich in einem Birkenhain.

Von dort ein Weg – der endlos schlängelt:
Ich lass der Schlange ihren Lauf,
weil mich mein Hühnerauge gängelt
und – gebe deshalb gerne auf!

Klaus G. Lonvitz
½ + ½ = 1
IST NICHT IMMER RICHTIG

Zwei halbe Dinge
ganz gemacht,
sind keine ganze Sache.

Es bleibt nur Stückwerk,
Murks dazu.
Verzeiht, dass ich da lache.

Klaus G. Lonvitz
DER MANN FÜR ALLE FÄLLE

Den Mann im blauen Overall –
man sieht ihn oft und überall.
Er ist bekannt für Handwerkskunst
und steht darum in hoher Gunst.

Er hämmert, lötet, sägt und bohrt,
ist unterwegs von Ort zu Ort.
Bei andern repariert er viel,
doch sein Zuhaus – ein Trauerspiel.

Klaus G. Lonvitz

Mach keinen
V E R S, den man als
T A N D empfindet. –
Mach ihn doch
lieber mit
V E R S T A N D !

Rosel Ebert
KRÜMELMONSTER

Winzig kleine Ungeheuer
nerven mich in Massen.
Tanzen hin und tanzen her –
krieg sie nicht zu fassen!

In Deiner Nähe weilen sie,
nun schon viele Tage,
Krümelmonster – ungezählt –
was für eine Plage!

Da Dir das stete Spiel gefällt,
ist es vielleicht nicht dumm:
Ich lass die Krümel Monster sein
und putze drum herum!

Doch ist die Arbeit nicht getan,
das merkt ein blindes Huhn.
Drum spute Dich, mein lieber Freund,
dann kannst Du wieder ruhn!

Dagmar Neidigk
VERS-ALARM AM MÜGGELSEE

Sie wollen auferstehn –
am See nach der Dichtkunst sehn.
Bölsche und Wille,
Hauptmann, Hart und Hille.
Doch: überall Stille.

Wo sind der Poeten Jünger?
Früher kamen sie immer!
Heut sitzen sie
in der ersten Reihe,
erlangen ihre
Fernseh-Weihe.

Von Dschungel-Camp
bis Shopping-Queen.
SAT 1, Pro Sieben,
die soll man lieben!

Wer? Bölsche und Wille?
Sollen sich melden
im Dschungel-Camp,
dann sie jeder kennt.

Oder sind das die Zwei
mit dem Hai?
Dann schickt sie vorbei.
Für Trash zahlen wir Cash!

9.Variante

IST IRREN MENSCHLICH?

 Um gleich bei den richtigen Begriffen zu bleiben: Es ist irre und kaum zu glauben. Zu meinem Bestand gehören zwei völlig unterschiedliche Bücher mit dem Titel „Irren ist menschlich". Das war mir wirklich nicht mehr bewusst. Aber so etwas ist menschlich und wäre anderen sicher auch passiert. Das erste Buch dürfte man eigentlich nicht übersehen. Über 600 Seiten dick mit einem grell-lila Einband: Lehrbuch der Psychiatrie/ Psychotherapie. Es hat mir während meiner Psychologie-Ausbildung und auch später noch gute Dienste geleistet. Dieses Buch erklärt den Titel aus der menschlichen Seite der Psychiatrie heraus. Ein leider vielfach unbeachteter Umstand.

Das zweite – recht kleine – Büchlein dagegen kommt meinen Vorstellungen schon näher, was man aus dem vollständigen Titel bereits erkennen kann: „Irren ist menschlich, sagte der Igel...".Da es sich hierbei um Beispielsprichwörter handelt, suche ich umgehend im Text nach der Fortsetzung. „Irren ist menschlich, sagte der Igel, da sprang er von der Haarbürste." Hm. Von dieser Art gibt es noch mehr. „Irren ist menschlich sagte der Bauer zu seiner jungen Frau, da..." Nein. Ehe die Magd ins Spiel kommt, klappe ich das Buch lieber zu und wende mich den großen Irrtümern der Welt zu. Auch darüber besitzen wir ein Buch: „Lexikon der populären Irrtümer". Ein solches Wissen kann man nun wirklich nicht voraussetzen. In diesen Fällen ist irren als menschlich entschuldbar. Wo aber ist es das nicht? Spätestens dann, meine ich, wenn die begangenen Irrtümer auf menschlichem Fehlverhalten beruhen, das seine Wurzeln in Oberflächlichkeit oder Selbstüberschätzung hat. Wenn man sich klüger dünkt als andere und Schaden verursacht. Vor allem an Leib und Seele. Hier wird irren unmenschlich. Und unverzeihlich.

Es wollten drei Schlaue `nen Hasen fangen,
sie kamen auf Krücken und Stelzen gegangen,
sie kamen mit Flinte und Blei,
und du bist frei.

Volker Krastel
DAS AUGE

Es ist das Auge ein spezieller Sinn,
der Bilder zeigt. Voraussetzung zum Handeln!
Doch mancher schaut nicht richtig hin
und das kann den Erfolg verschandeln.

Des Fotografen Auge ist das Objektiv.
Es scheint, das bringt mehr Klarheit.
Doch häufig liegt er damit schief.
Unsichtbar bleibt die Wahrheit.

Rosel Ebert
SCHULE DES LEBENS

Lernen
wissen
zweifeln
irren
klüger werden –
wieder und wieder.

Was sein muss –
muss sein!

Jürgen Molzen
FEHL-GRIFF

Ein Chef vergriff sich mal im Ton.
Wer meint, der hatte Traute,
der irrt sich. Denn ich bin sein Sohn:
Er spielte *falsch* die Laute!

Dagmar Neidigk
NACKTE POESIE III

Sie ist nackt.
Sie ist frei.
Ich half ihr dabei.

Verschenkt all den Tand.
Worthülsen machten
sie krank.

Das ABC im Gepäck
läuft sie dem Zeitgeist weg.
Lauscht den Klängen
der Natur.
Wandelt unbeirrbar
in ihrer Spur.

Klaus G. Lonvitz

DAS KLEINE JUNGGESELLENBROT

Jochen, ein großgewachsener junger Mann aus Vorpommern, hatte seine Arbeit als Zimmermann bisher immer auf Großbaustellen. Sie trieb ihn mit dem oft scharfen Wind der Ostseeküste zeitweise in Gebiete, die er noch nicht kannte.

Mehrere Wochen lang musste er auf diese Weise einmal im Dithmarscher Land als Zimmerer arbeiten und in einem Bauwagen wohnen. Es war bei diesem quirligen Leben auch kein Wunder, dass er immer noch als Einspänner durchs Leben ging. Als er auf dieser Baustelle seinen ersten Feierabend hatte, musste er sich etwas zur Beköstigung kaufen; denn verführerische Gasthausbesuche wollte er möglichst vermeiden. Butter, Wurst, Käse und ein paar Flaschen Bier hatte er schon in der Tasche – ein Brot wollte er sich aber bei einem Bäcker kaufen. Die Verkäuferin, hübsch und freundlich, bot ihm ein Junggesellenbrot an, ein kleines Schwarzbrot, das für ein Abendbrot und ein Frühstück eines starken Essers reichen würde.

Auf dem Weg zu seiner Behausung freute er sich sehr darüber, dass man für Einzelpersonen hier so ein kleines Brot anbot, aber nicht nur darüber – die so hübsche Verkäuferin ging ihm nicht aus dem Sinn. Sie hatte ihn so freundlich bedient und angesehen. „Sie würde zu mir passen", dachte er so bei sich, und einen Ring hatte er bei ihr nicht gesehen.

Zu jedem Feierabend ging er nun dorthin und holte sich so ein Junggesellenbrot. Die Verkäuferin merkte aber schon nach kurzer Zeit, dass er nicht nur aus Liebe zu diesem kleinen Brot kam. Die Bäckersfrau bekam das natürlich ebenso mit; denn er kam ja manchmal in seiner Mittagspause für einen Kaffee und ein Stück Kuchen in den Laden und trotzdem am Abend, um sich sein Junggesellenbrot zu holen. Die von ihm platonisch Angebetete ließ ihre Freundlichkeit ihm gegenüber merklich und zunehmend schwinden.

Die Frau des Bäckers sagte eines Tages nach seinem Besuch zu ihr: „Roswitha, warum sind Sie denn neuerdings so kühl zu diesem jungen Mann? Er ist doch ein gutaussehender Mann, der gut zu ihnen passen würde. Wegen des Brotes allein kommt er doch wohl nicht!" „Frau Meister, hörn Sie bitte damit auf – ich weiß es selber, dass das so ist, aber einen Mann, der so viel isst, kann ich nicht gebrauchen – und damit ist Feierabend!"

Jochen merkte schon lange, dass all sein Zutrauen und seine Zuversicht das Ende gefunden hatten. Seine Träume mit Roswitha waren ausgeträumt. Kurz danach, an einem Sonnabend war's, hatte Roswitha eher Feierabend als sonst. Sie hatte sich herausgeputzt und machte einen Spaziergang zum Wasser hinunter. Wie erschrak sie, als sie dort am Ufer Jochen zwischen all seinen Tüten mit kurzgeschnittenem Brot sitzen und die Möwen füttern sah. Sie schaute ihn sehr freundlich an und kam in seine Nähe. Eine lange Zeit hatten sie sich angeregt unterhalten – ja, sie machten sich anschließend sogar gemeinsam auf den Weg.

Wie es mit den beiden nun weitergegangen ist, das weiß man nicht. Im Bäckerladen war Jochen niemals mehr zu sehen. Bloß die Bäckersfrau hatte mitbekommen, dass Roswitha manchmal zum Feierabend ein kleines Junggesellenbrot mit nach Hause nahm.

Volker Krastel
VERRÜCKTE WELT

Verrückt ist die Welt,
verrückt sind die Triebe.
Doch reicht ein Zelt
für die wahre Liebe.

Falls es gelingt,
die ganze Welt singt.
Nur der ist verwirrt,
wer sich irrt!

Dagmar Neidigk
SCHLICHTE GEMÜTER

Sonntagnachmittag. Museumsinsel Berlin. Nationalgalerie. Bestimmt schick oder „in", hier gewesen zu sein. Gedränge, Geschiebe der edlen Art – in feinem Tuch und Zwirn. Nicht auszuhalten das Getue der Gebildeten und Gewandeten. Man weiß, was man sich schuldig ist, man geht nicht nur zur Schau, man selbst ist Teil der Schau. Die Wände voller filigraner Zeichnungen. Kein Rankommen. Schnell vorbei, dann lieber zu den großen Gemälden des kleinen großen Adolf Menzel.

Halt! Ein bekanntes Gesicht auf rundlicher Statur. Kein feines Tuch – eine Uniform. Sicherheitsdienst. Sie hat mich auch erkannt. Eine Begrüßung ist unausweichlich. Nettes, schlichtes Gemüt. Patenter dienstbarer Geist, der jahrelang seines organisatorischen Amtes gewaltet hat. Abgewickelt. Nicht mehr die Jüngste. Da hatte ich mehr Glück.

„Ich hab Dich schon lange gesehen!", sagt die liebenswürdige kleine Dicke, ganz leise und dezent, sich der Bedeutung ihres Amtes bewusst. „Ungewohnter Anblick, was?! Nach der Wende habe ich mich bei der Security beworben – hat trotz meines Alters geklappt. Ich brauche die paar Mark, die ich hier verdiene, dringend zur Aufbesserung meiner Rente! Uns Alte kann man ja nur noch für solche Dienste wie hier einsetzen. Besser hätte ich es gar nicht treffen können!", gibt sie bereitwillig Auskunft.

Na ja, hier ist es trocken und warm und Überfälle sind wohl kaum zu befürchten, freue ich mich für sie. Aber mit der Kunst hat die es bestimmt nicht so sehr.

„Findest Du nicht auch, dass die Ausstellung eine Wucht ist?!", fährt sie fort. „Ich kenne jedes Bild! Hast Du die kleine Zeichnung `Das ungemachte Bett´ gesehen? Einfach genial der Menzel. Unglaublich dieses Bild, als wäre der Meister selbst gerade erst aus dem Bett gestiegen! Ich glaube, Du bist vorhin daran vorbei gelaufen – wegen des Gedränges! Schau es Dir lieber an, Du verpasst sonst ganz große Kunst!"

Jürgen Molzen
IRRTÜMER

Kolumbus irrte einmal nur
und wurde weltbekannt.
Ich irre mich in einer Tour
und werde nie genannt.

Rosel Ebert
FAZIT

ICH
zeige Dir
den verschlungenen Pfad
in die tiefsten Gemächer
meiner Seele –
dort zu verweilen!

DU
aber läufst schnurstracks
der Gabe nicht mächtig
geraden Weges
hindurch ...

FAZIT:

Es ist wie es ist:
ICH – FRAU
DU – MANN !

Jürgen Molzen
GROSSE ÜBERRASCHUNG

Er hatte Glück: Sein blonder Engel
entpuppte sich als TEUFELS-WEIB.

10. Variante

VIELE KÖCHE VERDERBEN DEN BREI

 Unsere Fernsehzeitung ist angefüllt mit diversen Geschichtchen und guten Ratschlägen, Mode-, Koch- und Reisetipps, einem Horoskop und anderem, dem ein gewisser Unterhaltungswert zugeschrieben wird. Dazu gehört auch die Rubrik „TESTEN SIE SICH SELBST". Kürzlich mit der Frage: „Arbeiten Sie lieber allein oder im Team?"

Teamwork. Auch so ein modernes Wort. Bei uns hieß das früher „Kollektivarbeit". Obwohl ich diese Art von Tests ausgesprochen blödsinnig finde, lasse ich mich jedes Mal doch hinreißen, die Fragen zu beantworten. Und mit schönster Regelmäßigkeit lande ich in der Mittelspalte. Was in dem jetzigen Fall bedeutet: Selbstverständlich arbeite ich gern im Team. Aber ich bestehe auch auf Selbständigkeit und Entscheidungsbefugnis. Wie wahr. Denn Teamwork ist nun einmal nicht gleich Teamwork. Wenn alle an einem Strang ziehen, eine gemeinsame Idee verfolgen und sich dabei gegenseitig beflügeln, ist das sicher ein Idealfall. Ebenso kann es Besserwisser und Individualisten geben, die allen Mitbeteiligten das Leben schwer machen. Die heute „Hü" und morgen „Hot" sagen. Für die nur ihre eigene Meinung gilt, ohne dass sie darüber nachdenken, was der Mann oder die Frau neben ihnen für richtig hält. In solchen Fällen ist Teamwork wenig fruchtbringend. Einer hemmt den anderen. Die vielen Köche kochen wahrhaftig keinen schmackhaften Brei. Und ehe sie ihn ganz verderben, ist es wirklich besser, nur sich selbst zu vertrauen. Vorausgesetzt man hat die erforderliche Kompetenz und die Einflussmöglichkeiten!

Ene, meene, Rätsel,
einer bäckt ´ne Brezel,
ein anderer ´nen Kuchen,
der muss suchen.

Jürgen Molzen
VIELE KÖCHE VERDERBEN DEN BREI...

„Viele Köche verderben den Brei."
Dieser Spruch ist mir nicht einerlei.
Daher verzichte ich drauf ohne Frust,
bereite mir zu, was m i r schmeckt, mit Lust!

Rosel Ebert
MODERNES MÄRCHEN

Am Zwergenhaus im Monat Mai
kam einst die schöne Maid vorbei.
Sie sagte sich – ich bin so frei –
und schau mal rein. Was ist dabei?
Da saßen Zwerge ihrer zwei
und sie trat ein, wie nebenbei.

Ein Jahr verging, dann mehr als drei,
doch nun passiert's, au wei – au wei!
Denn keinem Zwerg – sei's wie es sei,
war unser Mädchen einerlei.
So riss das Freundschaftsband entzwei.
Was bleibt ist lautes Wehgeschrei!

Fazit der ganzen Reiberei:
Ein Zwerg zu viel verdirbt den Brei!

Rosel Ebert
AUCH GIFTNUDELN VERDERBEN DEN BREI

Das giftige Gespräch zum Essen
stößt die Lust nieder
und entzieht ihm jeglichen Geschmack.

Klaus G. Lonvitz
WENIGER IST MEHR

Was manche Politiker machen, zeichnet sich weniger
durch **Profession,** als viel mehr durch **Provision** aus.

Dagmar Neidigk
ERPE

Leise plätschernd im märkischen Sand
benetzen die Wasser der Weiden Band.
Keine Grenzen.
Keine Wände.
Nirgends Anfang.
Nirgends Ende.
Kein gut.
Kein schlecht.
Niemand spricht hier Recht.

Volker Krastel
EISENBAHN

Früher fuhren zur Genüge
auf den Gleisen Güterzüge.
Wenn ich heute Züge seh,
ist es meist ein ICE.

Überall, wohin man schaut,
werden Gleise abgebaut;
und die schienenlosen Trassen
liegen einsam und verlassen.

Heute gibt es Lastkraftwagen,
die als Last Container tragen.
Große Firmen sparen so
für die Waren das Depot.

Zwar wird nun die Luft verschmutzt,
was eher stört, als dass es nutzt.
Doch Vernunft führte fast nie
bei der Planung die Regie.

So werden heut die meisten Waren
auf Straßen hin und her gefahren.
Die Gleise rosten vor sich hin.
Wo bleibt der Sinn?!

Klaus G. Lonvitz
ÜBERZEUGUNG

Prag ist eine von mir sehr geschätzte Stadt, die ich durch Dienstreisen mit meinem Kollegen Hans oft besuchen konnte. Die tschechische Sprache wurde mir dabei immer verständlicher, und ich hatte sogar den Mut, mit der Zeit diese Sprache zu benutzen. Hans wunderte sich immer, wenn ich in der Gaststätte mit Tschechen in ihrer Sprache reden konnte.

Ich habe ihn viel über „Eselsbrücken" geführt und ihm damit gezeigt, wie ich es schaffte, mir tschechische Vokabeln und vollständige Sätze zu merken und zu verwenden. Ich habe häufig versucht, ihn auf diese Weise zu überzeugen, dass er sich bemühen sollte, einige wichtige Dankesformeln oder Wünsche in dieser Sprache auszudrücken. Ich sagte ihm, als wir in einer Kneipe saßen, dass er hier doch schon ständig beim Zuprosten die Worte > Na zdraví! < gehört hat und ja aus der russischen Sprache das > На здоровъе! < kennt. Hans gab zu, dass er darin eine gewisse Ähnlichkeit erkennen könnte. Aber auch weitere solche Beispiele und Überzeugungen trafen bei ihm auf taube Ohren. Seine Antwort war stets: „Du kannst machen, was du willst – ich verstehe immer nur > Bahnhof < ".

Nun waren wir wieder einmal im schönen Prag und mit den tschechischen Kollegen in einem Lokal. Hans hatte einen Anlass, für diese kleine Gesellschaft eine Runde Bier auszugeben. Ich versprach ihm, dass ich die Bestellung beim Ober machen würde. Er, so verlangte ich, sollte dann aber die Auflassung geben, das Glas erheben und laut „Na zdraví!" sagen. Das Bier kam, Hans hatte den Gesichtsausdruck höchster Anspannung, hob das Glas und sagte kräftig: *„Nádraží!"*, was ja nun wirklich > Bahnhof < heißt. Alle lächelten freundlich, ich aber war nun selbst der Überzeugte.

Rosel Ebert

DAS LUFTSCHLOSS

Hurra, wir bauen uns ein Haus,
der Grundriss sieht vollendet aus.
Der Bauherr kommt zur Inspektion,
das Fundament baut gleich sein Sohn.
Elektrik übernimmt ein Mann,
der nichts gelernt, doch alles kann.
Dann muss auch noch ein Klempner her,
die Auswahl fällt bestimmt nicht schwer.
Der Sohn vom Bauherrn kannte einen,
der steht im Leben auf zwei Beinen.
Ob Tischler, Maler und so weiter –
ein jeder scheint recht froh und heiter.
Nur wir schaun voller Sorgen drein –
wann wird das Haus mal fertig sein?
Das Bad gefliest, die Rohre fehlen...
Was soll ich euch nun noch erzählen?
Die Tür zum Keller scheint vergessen,
da hat der Meister sich vermessen.
Von Teamarbeit nicht eine Spur –
das Geld war futsch, eh ich´s erfuhr.
Das Ganze sieht partout so aus,
als ständ es schief, das neue Haus.
Jetzt klagen wir jahraus – jahrein –
am Ende wird´s ein Luftschloss sein...

11. Variante

ZAHN UM ZAHN

 Ich befinde mich in „Kampfstimmung" und suche aus gegebenem Anlass nach der Bedeutung des Sprichwortes: „Auge um Auge, Zahn um Zahn". In unserer Regalwand stoße ich auf ein Buch, in dem dann das geschrieben steht, was ich wissen will. Eine Ullstein-Ausgabe des Buches von Paul Spiegel „WAS IST KO-SCHER?". Also hat es etwas mit dem jüdischen Glauben zu tun. Auf Seite 158 finde ich tatsächlich einen Abschnitt „Auge um Auge, Zahn um Zahn: das Talionsgesetz". Nun habe ich absolut keine Ahnung, was ein Talionsgesetz ist, hoffe aber, es gleich zu erfahren.

„Ein Talionsgesetz", ist zu lesen, bedeutet, „Gleiches mit Gleichem zu vergelten". Und weiter: „Im Alten Orient der biblischen Zeit war es unter den Völkern ganz natürlich, für ein erlittenes Unrecht oder einen Schaden ein Mehrfaches an Rache zu nehmen... `Auge um Auge, Zahn um Zahn´ machte damit Schluss. Mit dieser Entscheidung des jüdischen Gerichtes durfte ein Geschädigter nicht mehr vergelten, als ihm selbst angetan wurde...". Immerhin. Nach Vergeltung ist mir oft genug zu Mute. Und sei es „ nur" auf gleicher Ebene. So manches Mal kann sich auch die Fliege an der Wand als gewaltiger Störenfried herausstellen, der kämpferischen Einsatz erfordert. Ein solches „Zahn um Zahn" kommt einer Herausforderung gleich, der selbst ein lebenserfahrener Mensch nur schwer gewachsen ist.

Käse, Speck und Maus,
der kranke Zahn muss raus,
ein heiler noch dazu,
und weg bist du.

Volker Krastel

BEGEBNIS

Ich wollte mich zur Ruh begeben,
da summte es im Zimmer.
Ein Brummer wollte sich bewegen,
brummt unentwegt und immer.

Das stört, ich komm nicht in den Schlaf,
jetzt sitzt er auf dem Bette.
Erneut ein Schlag, der ihn nicht traf –
zwei brummen um die Wette.

Ich mache Licht. Nun ist es still.
Die Fliegen sind verschwunden.
Das ist ein Spiel, das ich nicht will.
Das geht jetzt sicher Stunden.

Kaum ist es dunkel, geht es los.
Die beiden Flieger starten.
Ich heb den Arm, die Wut ist groß –
ich will jetzt nicht mehr warten.

Da setzt sich eine an die Wand.
Die Hand schnellt vor, will schlagen.
Was nun passiert ist wohlbekannt –
ein Fehlschlag sozusagen.

Es sitzt der andre große Brummer
jetzt an der Zimmerdecke.
Vorbei ist es mit meinem Schlummer,
zur Decke ich mich strecke.

Doch wieder geht der Einsatz fehl –
die Fliege fliegt längst weiter.
Spür einen inneren Befehl:
Du holst jetzt eine Leiter!

Bei mir mischt Trauer sich mit Wut.
Was kann ich denn noch tun?
Die Fliegen jagen, schön und gut –
ich will jetzt endlich ruhn.

Und plötzlich, keiner weiß warum,
ist´s still, kein einz´ger Laut.
Es ist beendet das Gebrumm –
doch mir die Nacht versaut!

Klaus G. Lonvitz
GÜTLICHE EINIGUNG

Barbara und ihr Barbar,
der eben barsch noch zu ihr war –
sie setzten sich in eine Bar.
Sie tranken viel, er zahlte bar,
wodurch er bar des Bargelds war.
Es war dann wieder wunderbar.
Vergessen war der Streit sogar.
Er war gar nicht so sonderbar,
es ging um´s Bargeld – ist doch klar!

Volker Krastel
ZAHN UM ZAHN

Es gibt die Schönen und die Reichen,
die Armen mit den blassen Wangen.
Die einen, die das Geld einstreichen,
die andern, die vor Morgen bangen.

Wie wär´s, wenn sie die Rollen tauschten?
Es braucht ja nicht für immer sein.
Die sich am Überfluss berauschten,
dürften dann auch mal hungrig sein.

Jürgen Molzen
DIE RACHE

Dem Pfeifkessel, der mich empörte,
weil er oft beim Rasieren störte,
so dass ich mich – wie eben – schnitt,
gab ich heut früh endlich eins mit.

Ein Griff zur Pfeife und zum Hammer,
zwei Schläge und kein Katzenjammer:
Als ich die Ruhe froh empfand,
war mir mein Kessel durchgebrannt!

Jürgen Molzen
APHORISMUS I

Als er ihr die Stirn bot,
setzte sie ihm Hörner auf!

APHORISMUS II

ZAHN-LOSE
haben auch das Recht,
BISSIG zu
sein!

Rosel Ebert
ZAHN UM ZAHN –
DIE SANFTE VARIANTE

Wenn
es Dir gelingt,
im Gefecht der Worte
den Sieg zu erringen –
dann
schenke ich Dir
den himmlischen Frieden
auf immer und ewig!

Dagmar Neidigk
LEIDEN AN DER WURZEL

Mein Zahn, mein Zahn,
er treibt mich in den Wahn.
Was hab ich ihm getan?!

Hab auch ihn geputzt,
war er verschmutzt.
Hab auch ihn gehütet!
Wieso er nun so wütet?

Geht er mir ganz entzwei,
ist's mit Lachen vorbei.
Ganz schief steht mein Mund
von der Wurzel Schwund.

Warum hat er zugelassen,
dass Monster ihn zerfraßen?
Hat er sich nicht gewehrt?
Das wäre nicht verkehrt!

Er nahm – ohne mich zu fragen –
in besonders dunklen Tagen
einen Untermieter auf,
der nistete sich ein
und bereitet nun Pein.

Mit unendlicher Geduld –
ohne Gefühl von Schuld –
hämmert er Tag und Nacht
in des Zahnes Wurzelschacht.

Hab versucht, ihn wegzulocken.
Nahm – ohne zu bocken

'nen Schluck Wodka in den Mund
tat meinen Willen kund:

Hörst Du auf mit dem Getöse,
ich mein Versprechen löse:
Geh zum Zahnarzt geschwind,
bin ein artig Kind.

Doch nein, oh Schreck,
der Schmerz ging nicht weg!
Immer neue Hämmer fand er,
machte mir das Leben schwer.

Wodka schien ihn kalt zu lassen.
Fing nun an, den Zahn zu hassen.
Da fiel mir ein:
Vielleicht geht's mit Wein?
Doch hilft's nur zum Schein.

Nun 'nen Schluck Osterwasser.
Ich wurd zum Weltenhasser.
So'n kleiner Zahn im Mund,
macht die ganze Seele wund!

Wenn der Alkohol versagt,
hilft nur: heulen bis es tagt.
Bin von allem ganz besoffen,
kann nun auf den Arzt nur hoffen.

Packt gekonnt und mit Geschick
jenen Teufel beim Genick.
Macht ihm ruckzuck den Garaus.
Endlich ist das Leiden aus!

Rosel Ebert
SONNENUNTERGANG

Wenn die Sonne
zum Stier wird,
beginnt der Kampf
des Torero.

Mit Hut und Schleier
steht er mutig im Ring,
die Gnade der Götter
erflehend.

Hell glänzt seine Haut,
als er es wagt,
den Stier bei den Hörnern
zu packen.

*Schier endlos
erscheint dieser Kampf.*

Bis irgendwann
die Sonne selbst
sich ihrer Leben spendenden
Gabe besinnt,

*und dem Torero
zu Füßen liegt…*

12. Variante

EIN SCHRITT VORWÄRTS, ZWEI SCHRITTE ZURÜCK

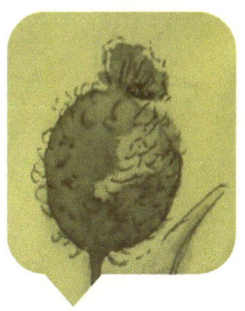 Mit den Schritten ist das so eine Sache. Einer macht kleine trippelnde. Ein Kind etwa. Ein anderer weit ausladende. Das ist dann eher der Langbeinige. Ein altes Ehepaar versucht, sein Schrittmaß anzupassen. Eine Armee marschiert im Gleichschritt. Die Elite im Stechschritt. Doch in der Regel gehen alle offensiv vorwärts. Der Rückgang hat dann schon etwas mit Defensive zu tun. Das sind die weniger Mutigen, die Zögernden, die einen Schritt, vielleicht sogar zwei oder mehr Schritte zurückgehen.

Manchmal allerdings hat es sich bewährt, beides zu kombinieren. Den Vorwärtsdrang und die Umkehr. Vielleicht, wenn wir zu forsch drauflos geschritten sind. Dann ist der Rückzug mitunter angebracht. Was aber nun, wenn einer unbedingt vorwärts will, und er gewaltsam von anderen daran gehindert wird? Dann entsteht ein Gemenge, bei dem alle Gefahr laufen, ins Stolpern zu geraten. Im besten Fall werden aus einem Schritt vorwärts zwei Schritte zurück. Doch letztendlich tritt die ganze Truppe auf der Stelle...

Vier Männlein sind in den Wald gegangen,
sie wollten jetzt endlich den Hasen fangen.
Der eine ging mutig vorwärts ein Stück,
die anderen drei schlichen ängstlich zurück.
Bevor es begann, war das Spiel schon aus,
und du bist raus.

Volker Krastel
ETOSHA

Es wechseln Bäume und verbranntes Gras
Trocknes Gesträuch, dann links ein Wasserloch
Zu fressen hat das Wild hier immer was
Es ist recht wenig, doch es reicht wohl noch.

Dort trifft sich ein Giraffenpaar
Zum Trinken, denn des Nachts hat es geregnet
Da es erst kurz zusammen war
Vermeidet´s, dass es anderen begegnet.

Am Wasserloch herrscht reges Treiben
Springböcke, Zebras, Oryx, alle da
Man kann das Durcheinander nicht beschreiben
Viel zu viel Trubel für ein Liebespaar.

Sie ziehen stolzen Schrittes Kreis um Kreis
Streicheln sich gegenseitig Hals und Wange
Sind unzertrennlich, so dass jeder weiß:
Sie kennen sich noch nicht sehr lange.

Jetzt geht es los, jetzt wird gehandelt
Noch zwanzig Meter bis zur kühlen Labe
Doch wieder wird die Richtung abgewandelt
Erneut ein Defilee als Zusatzgabe.

Rosel Ebert
LEBENSWEGE KONKRET

Auf meinem Weg nach Rom
bin ich dir begegnet –
einem Pilger wie ich:
hüpfend über Steine
die Leine zerschnitten
mit Siebenmeilenstiefeln
auf hartem Asphalt
die Kurven nicht sehend
zügig im Lauf
vorwärts zu schreiten.

Uns hält statt der Leine
ein eisernes Band
ich zerre und ziehe
mit festem Schritt
rasch vorwärts zu eilen
du aber gehst zwiefach
im Schritte zurück –
doch gibst Du nicht acht
liege ich bald schon
mit dir auf der Nase...

Jürgen Molzen
EINSPURIG

Manche Menschen sind so eingefahren,
dass sie nicht mehr aus der Spur kommen.

Dagmar Neidigk
WARTEN UNTERM BAUM

Er schmückte den Baum.
Glänzen sollte der Raum.
Sie wird doch kommen,
dachte er beklommen.
Sie hatte ihn verlassen!
Er konnt es nicht fassen!

Sie dachte an neues Glück.
Kein Weg führte zurück.
Die neue Liebe:
Wird er kommen?
Dachte sie beklommen.

Der Neue ließ sich nicht sehen.
Erhörte der Verflossnen Flehen.
Die hatte ihn verloren.
Eine neue Liebe war geboren.
Er wird sie verlassen!
Sie wird es nicht fassen!

Jürgen Molzen
APHORISMUS

Manchmal ist auch der goldene Mittelweg
nur ein Silberstreif am Horizont.

Klaus G. Lonvitz
EHRENWORT ALS OHRENWERT

Ein Ehrenwort ist ehrenwert,
doch, wenn es Wahrheit nur verdeckt,
dann ist es ziemlich schnell verdorrt
zu einem schlichten Ohrenwort,
in dem kein wahrer Inhalt steckt
und nichts ist als ein Ohrenwert.

Dies sei Partei´n und ihren Lieben
ins goldne Ehrenbuch geschrieben.

Jürgen Molzen
NACH DER WENDE

Weicheres Toilettenpapier –
härtere Zeiten!

Volker Krastel
DENKT NACH

Denkt nach, denkt nach! Es ist so viel geschehen.
Die Dokumente sind jetzt digital.
Unsre Gefühle sind genau besehen
nun einmal analog und irreal.

Was wir erlebten, sollten wir erzählen,
denn uns umgibt die analoge Welt.
Wir konnten, können, was geschieht, nicht wählen.
Das Digitale scheint mir hier verfehlt.

Rosel Ebert
DER KREISLAUF

Ein Mensch,
der Muskeln hat, die schmerzen,
versucht, das Leiden auszumerzen.
Der Doktor sagt ganz nebenbei,
dass es am Hals ein Wirbel sei,
der jene Schmerzen provoziert.
Doch hat er sich damit blamiert,
denn unserm Mann geht es nicht besser.
Nun soll er gar noch unter's Messer.
Die Schulter hätt 'nen Bänderriss,
ist sich ein andrer Arzt gewiss.

Der Mensch voll Zweifel ob der Lage,
stellt diese Antwort klar in Frage.
Geht zu 'nem Dritten und hört nun,
er sei im Stress und solle ruhn.
So liegt er dann – die Muskeln schmerzen,
versucht, sein Leiden auszumerzen.
Sucht einen vierten Doktor auf,
der schaut ihn an und kommt gleich drauf:
Er sagt ganz locker nebenbei,
dass es am Hals ein Wirbel sei.

So geht der Mensch im Kreise weiter,
der Schmerz, er bleibt – doch leider, leider,
weiß niemand, wie er helfen soll.
Der Mensch – er hat die Nase voll!

13. Variante

WER ZULETZT LACHT, LACHT AM BESTEN

Beim Lesen der Zeitung stoße ich auf eine Annonce: „Lachen ist gesund. Machen Sie mit in unserer Lachgruppe und auch Sie werden mehr Spaß am Leben haben!" Ich gebe zu, dass ich bei dieser Art von „geplanten" Lachveranstaltungen ziemlich skeptisch bin. Der gute Vorsatz in allen Ehren. Doch für mich wäre das nichts. Wenn mir gerade an dem festgelegten Tag nun wirklich nicht zum Lachen zu Mute ist – soll ich mich dazu zwingen? Da sind mir dann solche Situationen, die das wahre Leben schreibt und die so ansteckend wirken, dass man gar nicht anders kann, als mit zu lachen, wesentlich lieber. Zum Beispiel, wenn ich an das Konzert denke, das wir vor Jahren mit der Schwiegertochter und dem vierzehnjährigen Enkel besuchten. Wir saßen im Seitenrang mit Blick auf das Orchester. Sozusagen fast hinter den Kulissen. Ein einmaliges Studium. Vor allem, was das Pauken- und Triangelspiel betraf. Und die Mimik des Dirigenten. Ich konnte sehen, wie die Schultern des Enkels unaufhörlich leicht zitterten. Er saß vor mir und konnte vor Lachen kaum an sich halten. Ich dann ebenso. Jeder kann sich unser befreiendes Lachen am Ende des Konzertes vorstellen…

Was hat es aber nun mit dem auf sich, der zuletzt lacht? Das ist doch wohl eher einer, dem das Schicksal übel mitgespielt hat. Und dem es gelungen ist, heil aus der misslichen Lage herauszukommen. Ein solcher Mensch hat dann am Ende wirklich gut lachen. Zweifelt jemand daran, dass es keinen geben wird, der das besser kann? Denn: lacht er nicht auch über die Besserwisser, die Ungläubigen, die Arroganten?

Ene, mene, subtrahene,
Rippe, Klippe, Nervus, Vene,
divi, davi, domino,
alle sind von Herzen froh!

Jürgen Molzen
GEGEN-WEHR

Oft wurde ich durch den Kakao gezogen
und reagierte transzendent.
Und meine Seelenachse war gebogen,
und äußerlich hab ich geflennt.

Jetzt lach ich nur und lass den Mut nicht sinken,
und reich ihn weiter – den Kakao,
                    dass ihn die andern trinken!

Klaus G. Lonvitz
MOHN MACHT DOOF?

Bei einem Bäcker in Berlin
steht einer Kundin stark der Sinn
nach einem Stückchen frischen Kuchen.
„Sie sollten den hier mal versuchen",
meint der Bäckermeister Müller –
weist auf seinen Extraknüller.
„Mohnkuchen – heut frisch im Angebot!"
Sie darauf halblaut in ihrer Not:
„Mohn macht doof", war ihr Kommentar,
„ein andrer schmeckt auch wunderbar".
„Mohnkuchen könn'n se imma koofen
un jehörn nie nich zu de Doofen",
so sprach ein Herr – auch ein Kunde –
zur Freude in der ganzen Runde.
„Eins sollt man aba beherz'jen schon –
danach een Löffelchen Antimon!"

94

Rosel Ebert
HÖHLENSPIEL

Während du,
fliehend
vor kritischen Tönen,
in deine Höhle eilst,
schmollend
dich zu verstecken –

nehme ich ein Bad
in schillernder Grotte
und lade den Akku auf.
Wetten,
dass ich dich kriege?

Irgendwie und
irgendwann...

Jürgen Molzen
MORGENS IN DER STADT

Fünf Uhr dreißig
streift er das Stirnband über,
schwingt sich auf's Rad,
fährt an Autos vorbei
und lächelt...
über Langschläfer,
die mit diesen Kraftfahrzeugen
später
verlorene Zeit einholen?

Dagmar Neidigk
STIMMEN DER WEIH-NACHT

Ein Schrei, Lust oder Weh?
Ein Ruf: „Bleib oder geh!"
Die Tür fällt ins Schloss.
Im Herzen ein Stoß.
Schritte im Haus.
Was für ein Aus!

Die Uhr tickt.
Ein Feuerzeug klickt.
Ein Kätzchen miaut.
Sonst nirgends ein Laut.
Schnee wirbelt nieder.
Bring ihn ihr wieder.

Auto übers Pflaster rollt.
Hat sie das gewollt?
Das Fenster schlägt zu.
Sie findet keine Ruh.

Eine Stimme raunt: „Ach,
werd bloß nicht schwach!"
Es ist die vom Nachbar,
der grad noch wach war.

Man könnt sich ja trösten,
vielleicht auch was rösten
und sich was wünschen,
denn der Abend sei heilig
und er gar nicht eilig!

Sie trocknet die Tränen
und tut sich wähnen
im Paradies.
Fragt sich, ob sie
darf und kann?
„Aber ja!", raunt er.
„Ich bin doch
der Weihnachtsmann!"

Klaus G. Lonvitz
ENTFALTUNG DES FRÜHLINGS

Was die Raupen sich erlauben!
Fraß vom grünen Blattwerk rauben,
Teile der Natur vernichten!
Nicht verfolgt von den Gerichten?

Ganz schnell verpuppt, wenn das geschehn,
sind sie am Tatort nicht zu sehn.
Daraus werden Schmetterlinge,
flattern und sind guter Dinge.

Sie schmücken auch die Blütenpracht,
ein Kunstwerk, wenn die Sonne lacht.
Was als Larve sie so fressen,
hat man da schon längst vergessen.

Farbigkeit beflügelt Triebe
und auch Phantasien und Liebe.
Drum findet man im Lenz sie auch,
froh zappelnd, in so manchem Bauch.

Volker Krastel
BEFINDLICHKEIT

Der Kopf ist schwer,
die Seele voll.
Ich geh umher
und fühl mich toll.

Die Seele schwer,
der Kopf ist voll.
Ich weiß nicht mehr,
was ich noch soll.

Der Kopf ist voll,
die Seele schwebt.
Bin ohne Groll,
Liebe belebt.

Die Seele voll,
der Kopf ist frei.
Das Protokoll
ist Schnitzerei.

Dagmar Neidigk
ABZÄHLREIM FÜR KLEINE ANGSTHASEN   I

Eene, meene, Mäuseschwanz,
vorm bösen Wolf hab keine Angst.
Lies ihm seine Märchen vor,
dann heult er sich selbst ins Ohr!

Rosel Ebert
AUFWIND

Ich stehe im Wind
als hilfloses Kind.
Versteck mich im Spind,
wie Kinder so sind.

Ich bin durch den Wind,
der weht nur noch lind.
Drum mach ich geschwind
ums Haus einen Sprint.

Die Böe vom Wind,
die macht mich fast blind.
Ein Hund wird zum Rind?! –
Jetzt denkt ihr, die spinnt…

Ich stehe auf „Wind",
erfrischend wie Mint.
Spiel nun Captain Flint
und trinke Absinth.

Dagmar Neidigk
ABZÄHLREIM FÜR KLEINE ANGSTHASEN II

Eene, meene, Mäusewänster,
ich seh überall Gespenster!
Zieh ihnen das Laken weg,
da kriegen sie selbst ´nen Schreck!

Klaus G. Lonvitz

LEBEN

Wo bleiben all die schönen Zeiten?
Sie haften in Erinnerungen,
bewahren so die Einzelheiten,
die tief in unser Herz gedrungen.

Die schlechten Zeiten sind vergessen,
nachdem sie grade überwunden.
Zum Glück hat man die Kraft besessen
und einen Ausweg gleich gefunden.

Lust und Leid gehörn zum Leben
in einem wechselvollen Gang.
Sie beflügeln unser Streben
nach Besserem – ein Leben lang.

Bergauf, bergab zieht sich der Weg,
den wir tagein, tagaus begehn.
Er bietet aber manchen Steg,
das Leben lebensfroh zu sehn.

WAS ES SONST NOCH
ZU SAGEN GIBT

Rosel Ebert
EPISTEL

(Hymne auf Brennnessel, Klette und Distel)

VOM NUTZEN DES UNSCHEINBAREN

Wir preisen die edlen Blumen im Chor,
doch bringt die Natur auch Schlichtes hervor.
Wer solches im Schatten finden kann,
merkt schnell, dass das Simpelste dann und wann
mehr Nutzen hat, als man einst gedacht.
Drum sei ab jetzt unser Ehrgeiz entfacht,
den Sinn jener Pflanzen niederzuschreiben.
Schrift auf Papier, kann ewiglich bleiben.

Es wächst auf ihre eigene Weise
die Brennnessel einfach so hin ganz leise.
Doch wehe, wehe und nochmals wehe
kommt Hund oder Mensch in ihre Nähe.
Da brennt es wie Feuer auf Nase und Haut,
weil unser Geschöpf nicht richtig geschaut.
Und doch wird die Brennnessel gerne verzehrt –
klingt das nicht irgendwie vollends verkehrt?
Salat oder Tee tut dem Menschen gut.
Ganz richtig, so sei´s denn; es fasse jetzt Mut
ein jeder, der Neues probieren will.
Wer Brennnesseln scheut, der halte schön still.

Salatrezepte gibt es gar viele,
selbst Brennnesseltorte ist nunmehr im Spiele.

In Suppe und Auflauf oder Omelett
schmeckt diese Pflanze recht lieblich und nett.
Auch Brennnesselwein oder -bier wurd erfunden –
ihr seht, man kann noch vieles erkunden.
Doch lassen wir nun die Brennnessel sein
und schaun in die Pflanzenwelt tiefer hinein.

Der Disteln Wert ist nicht minder klein,
wachsen sie wild umgeben von Stein
oder inmitten von Ostseesand;
gar an dem vielgeliebten Strand,
wo Körperkultur in Freiheit genossen.
Wer hier weilt, ist selbstverständlich verdrossen,
piekt ihn die Distel in den Po;
oder sie sticht ihn anderswo
an einem besonderen Körperteil –
glaubt ihr, das sei ihm einerlei?
Mitnichten, kann ich da nur sagen,
und doch will ich es nunmehr wagen,
der Distel Lob recht laut zu singen
und mich in Versen aufzuschwingen,
der Pflanze Wert emporzuheben –
hoch soll auch sie von nun an leben!

Denn: Kultiviert der Mensch jetzt diese,
wird aus dem Zwerg ein mächt´ger Riese.
Vorher noch unscheinbar und krumm,
scheint es, als habe sie nun Mumm:
Als stolzer Spanier reckt sie sich empor –
und schaut mit schillernden Köpfen hervor
aus Wildrosen, Sanddorn und Königskerzen.

Wer jetzt noch kommt, um sie auszumerzen,
dem fehlt das Gespür für Schönheit ganz.
Steht doch die Distel in silbrigem Glanz
mit weiten Armen und blauem Schimmer
fast wie die Weihnachtstanne im Glimmer.

Kein bisschen anders – wollen wir wetten –
sind jene artverwandten Kletten.
Sie haben wirklich wenig Schick.
Doch gibt es einen kleinen Trick,
die Kletten wunderbar zu finden:
Versucht wer, einen Kranz zu binden
und sucht dann nach dem A und O,
wird er mit Kletten richtig froh.
Tatsächlich kann es einfach sein –
die Kletten halten von allein!

Nun dürfen wir schließlich nicht vergessen,
dass Buben und Mädchen darauf versessen,
die Kletten zum Schabernack zu verwenden.
Sie pflücken sie mutig mit bloßen Händen
und werfen einander die Igelchen zu.
Die krallen sich fest an den Kleidern im Nu.
Der Sieger im Wettspiel wird dann immer der,
der durch flinkes Rennen, mal hin und mal her,
unzählige wirft und kaum eine fängt.
Wenn man es also richtig bedenkt,
dann nützen die Kletten den Kindern sehr viel.
Sie lernen recht ungezwungen im Spiel,
dass am besten jener fährt auf Erden,
der aufpasst, niemals getroffen zu werden.

Vor Plagegeistern sollt' er sich retten,
die hartnäckig hängen bleiben wie Kletten.

– – –

Ich könnt' das Lied so weiter singen,
würd es womöglich zu was bringen.
Doch darf der Mensch die weisen Lehren
nicht in das Gegenteil verkehren.
Dem Leser ist zu viel des Guten
wahrhaftig schwerlich zuzumuten.
Ich will mal nur die Neugier wecken,
das andre sollt ihr selbst entdecken.
An Beispielen gibt's noch viel mehr,
sie aufzuspüren fällt nicht schwer.

MORAL:
Aus dem Gesagten lernen wir,
das Thema hat für Mensch und Tier
nicht minder seine Gültigkeit.
Wer's glaubt, erscheint mir sehr gescheit.
Drum sage ich mit gutem Recht:
Ein jedes ist nicht gänzlich schlecht!

Volker Krastel
EINE STRANDGESCHICHTE

Am Strand, da stand schon ziemlich lang
´ne hohe Kiefer nah am Hang.
Als Kind noch grade aufgerichtet,
war sie vor Sturm und Wind geflüchtet.
Und als das Wasser näher kam,
nahm sie ´ne andre Haltung an.

Sie stand recht schräg, das nicht zu knapp;
man glaubte schon, jetzt stürzt sie ab.
So bat den Förster man um Rat.
Der schritt mit Energie zur Tat!
Er fällt die Kiefer, die nun schräge,
am Tag darauf mit Axt und Säge.

Da stand nun da, einsam und dumpf,
ein frisch gesägter Kiefernstumpf.
Die Oberfläche sägeglatt,
wie man das äußerst selten hat.
Ein Wandrer hat den Stumpf gesehen
und setzte sich, da müd vom Gehen.

Raucht eine, weil er gerne quarzt,
und merkt nicht, dass der Stumpf noch harzt.
Er spürt erst, als er sich erhebt,
dass seine Hose festgeklebt.
Mit einem Ruck steht er nun auf.
Da nimmt das Schicksal seinen Lauf.

Der Hosensitz ist abgerissen,
bedeckt das Holz gleichsam als Kissen.
Als wieder mal die Sonne scheint,
kommt ein verliebtes Paar und meint:
Hier könnte man der Liebe Sachen
bequem und sehr erfüllend machen.
Und so passiert's, dass beide nackt
die Leidenschaft der Liebe packt.

Auch so ein Baumstumpf hat kein ew'ges Leben,
nun muss es hier Veränd'rung geben.
Vorbei ist's mit der Sommersonne:
Unter der Rinde sitzt die Nonne.
Die stört nicht mal der Ruf der Eule,
und nach der Nonne kommt die Fäule.

Was einst der Hosenstoff bedeckt,
ist unansehnlich und verdreckt.
Begrünt mit Moos ist nun der Filz
und mittendrauf ein gelber Pilz.
Schlussendlich ist für diesen Baum –
nun aus der Traum!

Und die MORAL von der Geschicht:
In Wald und Strand, da raucht man nicht.
Und fällen sollte man mitnichten,
die Kiefern, die vorm Winde flüchten.

Dagmar Neidigk
DER FROSCH VOM MÜGGELSEE

Sein Winterbett er nicht verlässt,
das Wetter ihn gar mächtig stresst.
„Auch heute ich kein Aug riskiere,
ich bleib in meinem Wohnquartiere!"

Spricht er und dreht sich noch mal um,
des Winters Zeit scheint lang nicht rum.

Im Traume aber ist`s so weit:
Die schönste Fröschin weit und breit –
sie bittet ihn, mit ihr zu kommen.
Wie wird ihm jetzt ums Herz beklommen.

Er schwingt sich auf und folgt der Schönen,
im Froschesglück darf er sich wähnen.
Eng umschlingt er ihren Hals –
so wunderschön ist Fröschebalz.

Sie trägt ihn hin zum Teich, dem kalten.
Die Schöne vermag nichts zu halten.
Nicht mal das Eis dort auf dem See –
davor versinken sie – im Schnee.

Erschrocken zappeln seine Beine.
„Es war ein Traum – ich bin alleine!".
Verdutzt schaut er zum Erdloch raus,
der Frühling lockt – hinaus, hinaus!

Er hat ihn einfach so verschlafen
und muss nun in die Röhre gaffen.
Alle Bräute sind vergeben.
Keine mag ins Nass ihn heben.

Und die MORAL von der Geschicht:
Frösche und Schnee lieben sich nicht!

Jürgen Molzen
DER MAULWURF

Beim Wandern sah ich auf dem Berg
'nen Maulwurf – nach getanem Werk.
Er war stocksteif und mausetot
und sah nicht mehr das Abendrot.

Und die MORAL von dem Gedicht?
Wer hoch hinauf will, erlebt's oft nicht!

Klaus G. Lonvitz
LIST UND TÜCKE

Die List führt manchen in ein Glück.
Kommt der durch sie zum edlen Stück,
so löst es in ihm Freude aus –
er fühlt sich als fideles Haus.

Ganz böse Schwestern hat sie auch,
sie haben Neid und Frust im Bauch.
Als Arg- und Hinterlist bekannt,
agieren beide Hand in Hand.

Sie klügeln listig etwas aus
und bringen manchem einen Graus –
durch sie gewandelt ist die List,
die dadurch eine Tücke ist.

MORAL von dem Gesagten ist:
Bring andren Glück mit deiner List;
denn Neid führt den zu keinem Glück,
er schlägt sonst tückisch auch zurück.

WIE DIE AUTOREN SICH SELBST SEHEN

Jürgen Molzen, Dagmar Neidigk, Dr. Volker Krastel, Rosel Ebert, Klaus G. Lonvitz
(von links nach rechts)

Mit Schirm, Charme und Poesie
für die Tücken des Lebens bestens gewappnet...

ROSEL EBERT
geb. 1943 in Leipzig
Psychologin und Gruppenleiterin
für biografisches Schreiben

ATEMLOS

Ich will
an einem Tag
den Ozean durchschwimmen.
In einer kurzen Woche
Welten sehn.
Mit letzter Kraft
selbst den Himalaja erklimmen.
Weshalb nur, kann ich
niemals stille stehn?

Läuft mir die Zeit davon?
Hab ich so viel versäumt?
Ist nichts geschehen,
was ich einstmals
mir erträumt?

Die Wahrheit
liegt wohl
in der Mitte.
Erreichte Ziele
wecken neue auf.
Doch kann ich nicht umhin,
jetzt zu bekennen:
Mir geht die Puste aus
bei diesem Lauf!

DR. VOLKER KRASTEL
geb. 1943 in Berlin
Allgemeinarzt

GLÜCK GEHABT

Ich seh die Welt und mich darin.
Glaub nun an gar nichts mehr,
und weil ich froh und glücklich bin,
schau ich jetzt um mich her.

Erblick das Elend auf der Welt,
und manches macht mir Angst:
Der einz´ge Maßstab ist das Geld!
Doch nutzt es, dass Du bangst?!

Ich setz mich auf die Gartenbank
und denk mir meinen Teil.
Ich bin gesund; die Welt ist krank.
So dicht ich alleweil!

KLAUS G. LONVITZ
geb. 1940 in Putbus/Rügen
Diplom-Mathematiker

ZAHL- UND WORTDREHER

Zahlen wandeln, Worte drehn,
bringt doch eine große Lust,
unterhaltend – wunderschön,
drängt zurück den kleinen Frust.

$(12 \times 12 = 144)$
Wenn man die Faktoren dreht, dann hat
$(21 \times 21 = 441)$
man auch ein verdrehtes Resultat.

RENTNER bleibt ein **RENTNER,**
wenn man ihn auch wendet, dreht
und auch **relativ vitaler,**
wenn er oft spazieren geht.

JÜRGEN MOLZEN
geb. 1943 in Berlin
Betriebsschlosser

BESCHAULICH

Es sind die leisen Töne, die ich liebe.
Ein sanftes Wort vielleicht. Ein Flüsterton.
Ein zartes „DU", bei dem ich gerne bliebe.
Und wenn ich gehen muss, Dein „Schon?".

Es sind die leisen Töne, die ich liebe.
Und ein Gedicht, das ich kaum hörbar schriebe.
Es sind die leisen Töne, die ich liebe.

Das leise Ticken einer Pendeluhr.
Ein Wort nur „Bleib", bei dem ich bei Dir bliebe,
und auch Dein Schweigen. – Doch das nicht nur…

DAGMAR NEIDIGK
geb. 1950 in Dessau
Diplom-Journalistin

VERWURZELT

Hab ihn durchschritten
Tausend und aber Tausend Mal:
den Pfad vom Tunnel nach Rübezahl.

Bin gestolpert
Tausend und aber Tausend Mal
über Wurzeln von Bäumen –
belaubt und kahl.

Bin gefallen
Tausend und aber Tausend Mal.
Aufgestanden, unverstanden.
Tausend und aber Tausend Mal.

Geh nun im ruhigen Gang.
Heb meine Füße.
Zieh meine Schlüsse.
Wurzeln, mir ist nicht bang.

Staune und schau.
Grüße das Mädchen,
grüße die Frau.
Tausend und aber Tausend Mal.

Wie lang noch wartet Rübezahl?!
Winke mir nach und lach.
Tausend und aber Tausend Mal.

AUF DIE VERSE, FERTIG, LOS!

Angespornt von diesem Motto fliegen die fünf Autoren gemeinsam mit anderen Poeten auf dem Rücken des Pegasus beschwingt durch die Lüfte. Ihre Reise beginnt in Berlin-Friedrichshagen am Müggelsee und führt sie durch alle Sphären unseres Daseins. Selbst bei gleicher Blickrichtung können ihre Sichtweisen kaum unterschiedlicher sein. Kunststück – hat doch jeder seinen eigenen Weg zurückgelegt und seine eigenen Erfahrungen gesammelt!

Was führt eine Psychologin, eine Journalistin, einen Allgemeinarzt, einen Mathematiker und einen Betriebsschlosser zusammen? Ihr Hobby: Das Schreiben, insbesondere das lyrische Schreiben. Gut möglich, dass die Fünf sich nie getroffen, nie kennen gelernt hätten – trotz des Hobbys, trotz räumlicher Nähe, trotz Internet und Smartphone. Und doch hat es geklappt. Dank eines gemeinsamen literarischen Zuhauses, das die fünf Autoren unter dem Dach der Friedrichshagener Vers-Werkstatt „Poeten vom Müggelsee" e.V. gefunden haben. In diesem Kreise treffen sie sich seit nunmehr drei Jahren mit mehr als 30 Hobby-Dichtern zwischen Mitte 40 und 87 Jahren.

Die Gemeinschaft der „Poeten vom Müggelsee" ist für die Autoren eine wichtige Stätte des Austausches geworden, die sie nicht mehr missen wollen. Nicht wenige der in diesem Buch veröffentlichten Texte sind durch die Gestaltung gemeinsamer Lesungen entstanden. Insofern betrachten die Fünf dieses Buch auch als eine Art Liebeserklärung an ihre poetische Heimat.

Und da der Quell für neue Inspirationen noch lange nicht versiegt ist, möchten die Autoren alle ermutigen, auch weiter mit ihnen gemeinsam aus dem Vollen zu schöpfen.

In diesem Sinne: Auf die Verse, fertig, los!